DE L'ASSIETTE

DE L'IMPOT,

EXAMEN CRITIQUE

DU TRAVAIL DE LA COMMISSION DE LA CHAMBRE DES DÉPUTÉS SUR LE BUDGET DES RECETTES.

PAR M. ÉMILE PEREIRE.

Extrait de la Revue encyclopédique.—Mars 1832.

PARIS,

AU BUREAU DE LA REVUE ENCYCLOPÉDIQUE,

RUE DES SAINTS-PÈRES, n° 26.

1832.

REVUE ENCYCLOPÉDIQUE.

Les livraisons de JANVIER et de FÉVRIER 1832, formant deux volumes de 250 pages chacune, viennent de paraître.

Elles contiennent les articles suivans :

1. De la Tendance nouvelle des idées.
2. De la Société saint-simonienne, par M. *Jean Reynaud.*
3. Les trois Principes : Rome, Vienne, Paris, par M. *Charles Didier.*
4. Considérations sur les finances de la France et des États - Unis, par M. *Emile Pereire.*
5. Des Variations de la taille chez les mammifères et dans les races humaines, par M. *Is. Geoffroy-Saint-Hilaire.*
6. De l'Éducation publique, par M. *E. Souvestre.*
7. Fragmens sur la Valachie, par Mlle *Adélaïde Montgolfier.*
8. De l'indifférence politique et de l'innovation en matière d'impôt; par M. *Laurent.*
9. De la doctrine d'association de M. Fourier, de Besançon, par *Abel Transon.*
10. De l'influence des saisons sur les facultés de l'homme, par *A. Quételet.*
11. Projet d'un chemin de fer de Gray à Verdun, par M. *Fournel.*
12. Voyage des frères Lander en Afrique, traduit de l'anglais par Mme Belloc.
13. Le feu du ciel par Louis Boulanger; Causeries critiques; Fragmens d'Hoffmann, par M. *Édouard Charton.*

L'ANALYSE DE CENT NEUF OUVRAGES de sciences et de littérature, dont 2 américains, 14 anglais, 21 allemands, 4 suisses, 14 italiens, 2 belges, 43 français.

NOUVELLES SCIENTIFIQUES ET LITTÉRAIRES. — Statistique des États-Unis. — Arsenal maritime d'Alexandrie. — Séances des sociétés géologique, linéenne et zoologique de Londres. — Mécanique céleste de madame Sommerville. — Statistique de la criminalité en Angleterre. — Expédition archéographique en Russie; — Publication des ouvrages de Hegel. — Système pénitentiaire en Suisse. — Travaux de l'Anio à Tivoli. — Ruines de Solunto en Sicile. — Sur les derniers tremblemens de terre en Italie. — De l'air marécageux dans les Maremmes et Recherches sur les plantes du genre *Chara.* — Observatoire et Académie de Bruxelles. — Séances de l'Académie des Sciences, à Paris, pendant les mois de janvier et de février 1832. — Société anthropologique de Paris. — Cours de philosophie de M. Jouffroy. — Lettre sur les théâtres de Paris. — Nécrologie.

PRIX DE L'ABONNEMENT.

A Paris.	46 fr. pour un an;	26 fr. pour six mois.
Dans les départemens.	53 »	30 »
A l'étranger.	60 »	34 »

On s'abonne à Paris, RUE DES SAINTS-PÈRES, N° 26.

Ce travail devait être distribué à la chambre des députés avant le vote du budget des recettes; les progrès du choléra nous ont dispensé de ce soin; le milliard d'impôts a été voté sans discussion.....

Quelle que soit l'amertume des réflexions qu'une telle précipitation doit faire naître, toutes récriminations seraient aujourd'hui superflues, puisque c'est un fait accompli; on doit cependant y chercher un enseignement pour l'avenir.

Si l'on veut que le *vote de l'impôt* ne soit point une formalité illusoire, une fiction, il faut changer l'ordre de la discussion des lois de finances.

Dès les premiers jours de chaque session, on doit voter le service des intérêts de la dette publique, car cette dépense n'est point facultative;

La question de l'amortissement doit être ensuite examinée;

Puis l'on doit discuter le budget des recettes.

Ce n'est qu'après avoir délibéré sur l'amortissement et sur *l'assiette de l'impôt*, qu'on peut utilement mettre en discussion le budget des dépenses. Car il est une règle d'ordre dont il est facile de sentir toute l'importance: *c'est qu'il faut avant tout examiner ce que le pays* PEUT *payer, et comment il peut payer, avant de statuer sur ce qu'il doit dépenser.* Dans toute bonne administration, il faut commencer par payer ses dettes, puis régler sa dépense sur ses recettes.

— Depuis dix-huit mois, trois énormes budgets sont sortis du scrutin législatif; au moment du vote, les deux premiers étaient dépensés à l'avance; les douzièmes provisoires entravaient déjà la discussion du troisième.

Avant de faire défaut, la chambre des députés était dès lors réduite à l'impuissance; quand à l'examen de la chambre des pairs, il n'était plus qu'une dérision.

Le véritable débat est aujourd'hui entre le gouvernement qui, par le fait, a seul l'initiative de la présentation des lois de finances, et la presse, qui a toujours eu le privilége de résoudre les grandes questions politiques, avant que les pouvoirs constitués en aient été saisis.

C'est donc à la presse quotidienne que je soumets aujourd'hui ce travail.

TABLE DES MATIÈRES.

DE

L'ASSIETTE DE L'IMPOT.

Peu de jours après l'ouverture de la session de 1831, M. le ministre des finances, en présentant le budget de l'exercice de 1832, s'exprimait ainsi devant la chambre des députés :

« Nous ne croyons pas pouvoir proposer, pour 1832, de mo-
» difications dans nos impôts.

» Ce n'est pas que nous regardions notre système d'impôts
» comme à l'abri de toute critique, et comme n'étant pas sus-
» ceptible de recevoir d'utiles perfectionnemens. Mais l'année,
» messieurs, est déjà fort avancée ; toute discussion sur des
» changemens dans l'assiette des contributions entraînerait de
» longs délais, et empêcherait le vote du budget en tems utile. Le
» moindre retard nous condamnerait à subir encore, en 1832, le
» facheux régime des douzièmes provisoires.

» *C'est au Budget de* 1833, sur lequel le retour de l'ordre
» habituel des affaires vous appellera à délibérer dans peu de
» mois, *que tous les projets d'innovation pourront trouver place.*
» D'ici là, la prudence veut que nous nous contentions des
» changemens opérés dans nos taxes pendant la dernière ses-
» sion (1). »

---

(1) Discours de M. le baron Louis, 19 août 1831. Voir le budget de 1832, folio 14.

Huit mois se sont écoulés depuis que ces paroles ont été prononcées ; et en voyant la promptitude avec laquelle les dernières parties du budget des dépenses ont été discutées et votées dans la chambre, on peut augurer qu'il sera radicalement possible d'introduire dans le budget des recettes les modifications qui sont de toutes parts réclamées.

La longueur de la session, la lassitude des députés, bien mieux que les argumens de M. le baron Louis, produiront, selon toute apparence, la prolongation indéfinie du *statu quo* de nos finances.

C'est peu cependant ; encouragé par la facilité avec laquelle la chambre élective a appuyé son système, le ministère se propose, dit-on, de convoquer une seconde session deux jours après la clôture de la session actuelle, et de faire voter par la même majorité le budget de 1833.

Or il est peu probable que dans le budget de 1833, ainsi voté, *tous les projets d'innovation puissent trouver place,* la chambre a montré peu de sympathie pour les innovations, et à moins de vouloir faire elle même la critique de tous ses actes, elle sera obligée de rester conséquente avec le système qu'elle a suivi jusqu'à ce jour ; ce qui revient à dire que le budget de 1833 devra être purement et simplement un *duplicata* de celui de 1832. La discussion, l'examen, le vote ne seront ici que de pures formalités légales ; ce sera une nouvelle fiction à ajouter à toutes les fictions sur lesquelles repose aujourd'hui le système représentatif.

L'article 41 de la charte s'exprime ainsi : *L'impôt foncier n'est consenti que pour un an.* »N'est-ce point abuser de la faculté d'interprétation que de faire un simulacre de clôture de session, puis un simulacre de réouverture, afin de faire voter le budget pour *deux ans ?* En vertu du même principe et lorsqu'on aurait pu s'assurer d'une majorité dévouée, on pourrait concentrer dans l'espace de quelques semaines trois ou quatre sessions, puis faire voter les budgets de quatre ou cinq exercices ; il suffirait alors d'un simple enregistrement. Si un semblable projet pouvait être réalisé, M. de Villèle, malgré toute sa finesse, et la camarilla du pavillon Marsan, malgré son jésuitisme, auraient lieu de se trouver débordés.

Mais ce n'est point sur le texte de la charte que nous prétendons nous appuyer pour réclamer contre la confiscation qu'on semble vouloir faire des réformes financières promises sur le budget de 1833; si le vote anticipé de cette loi de finances pouvait, en quoi que ce soit, être utile à la nation, nous serions les premiers à y applaudir; car, en somme, il est résulté si peu de chose de la longue session qui va finir, toute honteuse de son dernier vote sur la loi des céréales, que l'on peut se montrer peu désireux de voir se renouveler un aussi grand gaspillage de tems, de talens et d'efforts. Dès lors, si nous repoussons le vote simultané des budgets de 1832 et 1833, c'est uniquement parce que nous avons la conviction intime qu'on ne peut sans injustice, sans danger pour l'ordre social et la prospérité publique, reporter en 1834 les améliorations que réclame impérieusement le sort des classes laborieuses. Les promesses officielles de M. le ministre des finances, que nous avons déjà citées, devraient être du reste un obstacle invincible à l'adoption de cette mesure; c'est un engagement pris à la face de la France; ce doit être un droit acquis pour les contribuables, et certes leur docilité mérite quelques égards.

La révolution de juillet, loin d'être, ainsi que quelques gens se l'imaginent, un simple changement dans le personnel de la cour, loin d'être un accident fortuit, sans relation avec le passé ni avec l'avenir des peuples, a, selon nous, une tout autre portée. En 1789 et 1793 le tiers-état avait détruit les bases de l'ordre féodal et religieux; la commotion fut terrible; ni les longues guerres de la république et de l'empire, ni le parlage de la restauration ne purent interrompre cette œuvre immense. Les travaux militaires et parlementaires de ces deux périodes eurent pour effet au contraire de propager, de vulgariser et d'asseoir les principes émis par la constituante et l'assemblée nationale. Qu'on récapitule les travaux législatifs des quinze dernières années, et l'on sera forcé de reconnaître qu'il n'a pu surgir du milieu de nos assemblées délibérantes un seul principe nouveau ; les harangues des libéraux et des ultra, depuis 1818 jusqu'en 1829, ne sont qu'une paraphrase décolorée des discours des Mirabeau et des Cazalès, des Barnave et des Vergnaud. Depuis 1830 nous n'en avons eu qu'une ridicule parodie ; à cet égard il n'y a pas eu progrès.

Ce n'est point que les hommes manquent aujourd'hui aux grandes choses ; ce n'est point qu'au sein de nos assemblées législatives ne se trouvent point de grands talens et de beaux caractères ; mais c'est que les sentimens des masses ne sont plus à l'unisson avec ceux de nos tribuns ; c'est que les élans belliqueux de l'opposition et les préoccupations égoïstes et mesquines des centres, ne peuvent point trouver d'échos dans la nation ; la foule inattentive laisse tomber leur parole glacée, et la leur renvoie plus éclatante et sonore !

A de pareils signes, on peut reconnaître que l'œuvre de 89 est accomplie, et que 1830 a ouvert une ère nouvelle. Ce n'est plus de détruire qu'il faut se préoccuper aujourd'hui, c'est de reconstruire, de réorganiser.

Les principes *théoriques* d'égalité politique et d'égalité civile ont été consacrés par nos lois ; mais cette égalité n'est encore qu'une abstraction, qu'un mot de convention, sans valeur et sans *résultats pratiques*.

Poser les bases *pratiques* de l'égalité *civile* et *politique*, tel est le problème dont tous les vrais philantropes, tous les sincères amis de l'ordre et de la paix doivent chercher la solution ; c'est là qu'est désormais le but des travaux de la politique moderne.

Nous avons besoin ici d'expliquer plus nettement notre pensée afin de n'être point mal compris ou mal interprété. *Egalité* n'est point, dans notre manière de voir, synonyme de *nivellement ;* nous pensons et nous publierons prochainement dans ce recueil un travail spécial pour prouver qu'on peut augmenter le bien-être et les jouissances des classes inférieures, sans empiéter sur le bien-être et les jouissances des classes supérieures.

Les produits du travail, qui forment seuls la richesse sociale, ne sont point des *quantités finies*, ils ne se trouvent point circonscrits dans des limites infranchissables; le domaine de l'investigation du travail s'étend chaque jour au contraire; la puissance créatrice de l'homme s'accroît sans cesse; tout se perfectionne, de nouveaux procédés multiplient les moyens de production; la science révèle de nouvelles puissances qui permettent successivement de soulager les travailleurs; l'industrie se prêtant à tous les goûts, à tous les besoins, étend incessamment le champ de ses explorations; et, nourricière des peuples de toutes les régions, de tous les climats, elle va de rivage en rivage apporter avec les jouissances de luxe le stimulant civilisateur du travail.

Croire qu'on ne peut augmenter le bien-être du pauvre, sans détruire ou sans diminuer celui du riche; ne voir d'autre alternative à la crise actuelle que la *loi agraire* ou bien l'ilotisme des masses, c'est condamner la société à un antagonisme perpétuel; c'est entretenir une erreur qui doit entraver toutes les améliorations, qui doit fomenter des discordes et des haines, germes infaillibles de nouvelles révolutions; c'est ne point sentir la valeur de l'industrie et ne point comprendre le mouvement qui préside à la formation des richesses. Rêver un *milieu* bâtard, un équilibre politique entre le principe démocratique et le principe aristocratique n'est qu'une chimère, et ne témoigne que d'une bien fausse appréciation de la marche des idées. Ce rêve a bien pu séduire quelques hommes capables, on a bien pu l'ériger en théorie gouvernementale; mais ces tentatives ne peuvent être qu'éminemment provisoires; car l'art de gouverner les hommes, la politique en un mot, ne saurait être désormais que la meilleure combinaison des forces reproductives et la meilleure répartition des produits du travail.

Cette tendance n'est cependant point encore suffisamment sentie, soit par les gouvernans, soit par les gouvernés; le rôle *passif* est en apparence celui que cherche à s'attribuer le pouvoir ; c'est, il est vrai, à peu près le seul qu'on ne lui conteste point. Dans une semblable occurrence, et lorsque l'action gouvernementale ne peut point influer directement sur *l'œuvre de la production*, c'est à ne point l'entraver indirectement que tous ses efforts doivent tendre ; c'est cependant ce qui ne se fait point ; car l'assiette actuelle des impôts est évidemment conçue dans des vues entièrement contraires aux intérêts des travailleurs, partant au développement de la prospérité publique : c'est ce que nous allons nous efforcer de prouver.

Nous avons déjà publié dans ce recueil (1) un travail dans lequel nous avons indiqué des modifications à introduire dans le système général des finances ; nous nous sommes plus spécialement proposé de signaler les vices de l'amortissement, et d'indiquer les réformes que la suppression de cette institution pouvait permettre d'introduire dans l'assiette de l'impôt.

Les principes que nous avons émis à cet égard ont trouvé du retentissement dans la chambre ; un grand nombre de journaux de Paris, des départemens et de l'étranger les ont accueillis avec faveur ; si l'amortissement n'a point été aboli cette année en totalité ou en partie, c'est uniquement en raison de prétendues nécessités du moment ; on ne peut dès lors tarder à entrer dans cette voie nouvelle.

Depuis la publication dont nous venons de parler, M. Humann a présenté un rapport à la chambre des députés au nom de la commission des recettes ; ainsi que nous l'avons dit ailleurs : «si la clarté, si la précision, si même la modération du langage pouvaient dissimuler ce qu'il y a de funeste dans ce travail, nous n'aurions rien à critiquer, rien à blâmer ; mais il ne nous est point permis de nous préoccuper de la forme, alors que le fond blesse si vivement nos sympathies, et vient si cruellement dissiper les illusions dont la France s'était bercée depuis la révolution de juillet. »

---

(1) *Revue encyclopédique*, cahier d'octobre 1831. — Examen du budget de 1832.

Nous allons donc examiner les résultats de ce travail ; cela nous servira de texte pour exprimer nos vues sur *l'assiette de l'impôt*, sujet dont les chambres se sont jusqu'à ce jour fort peu occupées, et qui cependant est d'une tout autre importance que les réductions qu'on s'efforce chaque année de faire subir aux traitemens des juges, des procureurs, des préfets et des conseillers d'état (1).

C'est dans le budget que viennent se résumer toutes les ambitions ; par son extrême élasticité, il se prête admirablement à toutes les exigences ; tous les intérêts influens y trouvent un appui ; l'agioteur plaidant en faveur de l'amortissement, le gros propriétaire qui s'indigne des 50 centimes additionnels de la contribution foncière, les fonctionnaires de tous les étages qui tremblent pour leur place, obtiennent tous dans la loi de finances une complète satisfaction ; le peuple seul, qui gémit sous le poids des impôts, ne trouve que des oreilles sourdes.

Quoi qu'il en soit de cette étrange préoccupation, nous croyons utile d'analyser les argumens dont on se sert pour justifier cette doctrine gouvernementale. Nous pensons qu'il nous sera facile de démontrer qu'en continuant à faire ainsi abstraction des besoins impérieux des masses, et en se laissant absorber par quelques intérêts particuliers, le pouvoir suit, à son insu peut-être, la route la moins propre à le conduire au but qu'il se propose d'atteindre.

Un préjugé funeste a long-tems dominé les publicistes ; le système fiscal de l'Angleterre a été préconisé en France, et par suite des nécessités des longues guerres de l'empire, les impôts de consommation se sont établis chez nous ; ils ont été conservés et étendus, contrairement à des engagemens solennels, sous la restauration.

---

(1) Plusieurs fragmens de ce travail ont été successivement publiés dans *le National*, notre critique du système financier actuel ayant été en cela d'accord avec l'opinion dont ce journal est l'expression.

Ces impôts ont formé depuis quinze ans une des principales sources du revenu public, et quelle que soit leur impopularité, ils sont encore aujourd'hui l'objet d'une prédilection exclusive de la part du pouvoir nouveau; M. le baron Louis en exalte les avantages, et M. Humann y voit un excellent moyen d'exercer ce qu'il veut bien appeler l'*habileté financière*.

Il est temps cependant de faire justice de cette prétendue *habileté*; il est temps de mettre à nu toutes les déceptions, tous les détours perfides de la vieille finance; il est temps d'arriver enfin à introduire dans *l'assiette de l'impôt*, comme dans toutes lés combinaisons du crédit public, cette franchise, cette vérité qui doivent être les premiers élémens de la science financière, qui seules doivent donner au pouvoir, quel qu'il soit, république ou monarchie, cette force morale sans laquelle il n'est plus désormais de gouvernement possible.

En Angleterre, les impôts de consommation ont eu pour *but* de rejeter sur les travailleurs tout le fardeau des charges publiques, afin d'affranchir une aristocratie puissante des taxes territoriales; ils ont eu pour *effet* d'accumuler dans quelques familles des fortunes scandaleusement exagérées. Par une réaction inévitable, la plus grande partie de la nation se trouve par là réduite à la honteuse nécessité de la *taxe des pauvres*. Les impôts de consommation, et les combinaisons de la législation des céréales, ont tellement haussé le prix des objets les plus nécessaires à la vie, que le salaire de l'ouvrier anglais, tout élevé qu'il peut être, et quelque pénible que soit le travail dont il est le prix, ne le dispense point de l'inscription sur les registres de charité de sa paroisse. Une démoralisation profonde est la conséquence directe de cet état de choses. Les excès de Bristol, comparés à la modération des ouvriers lyonnais, racontent toute l'histoire de la fiscalité anglaise. Et c'est un pareil système qu'on voudrait préconiser en France !

« L'impôt de consommation se confond, dit-on, avec le prix » des produits; la perception en est facile, insensible. » Ce qui,

en d'autres termes, revient à dire : « A l'aide de ces combinai-
» sons détournées, *indirectes*, on parvient à prélever sur les
» classes qui accomplissent tous les travaux utiles, des taxes qui,
» si elles étaient exactement appréciées, seraient tellement cho-
» quantes par l'inégalité proportionnelle de leur assiette, que
» le peuple en refuserait le paiement. » On a beau dissimuler
ce résultat sous l'artifice du langage, là gît toute la pensée de ce
fallacieux système de finance.

Les augures sinistres des centres signalent à l'effroi des classes
supérieures *une vaste conspiration des prolétaires;* mais croient-
ils que ce soit avec des baïonnettes, ou bien avec des manœu-
vres de police, qu'on puisse déjouer de semblables conjurations?
Ils devraient comprendre, au contraire, que c'est uniquement
par des améliorations profondes et radicales, adoptées en tems
utile, qu'on prévient des catastrophes dont les conséquences
pourraient être incalculables.

« Continuons à encourager le travail, à féconder tous les
» germes de la prospérité nationale, » a dit M. Humann dans
le rapport qui nous occupe; c'est précisément sur ce terrain que
nous allons nous placer pour apprécier les vues qu'il a exposées
au nom de la commission.

Les termes de la discussion se trouvant ainsi posés, il s'agit
d'examiner si l'assiette actuelle des impôts n'est point nuisible
au développement du travail, et si la richesse nationale ne serait point susceptible d'éprouver un grand accroissement à la faveur d'un système financier mieux approprié à nos mœurs, à nos
besoins et à la forme de notre gouvernement.

L'impôt le plus équitable est, sans le plus léger doute, celui
qui a pour objet de frapper les *revenus* en soulageant le *travail;*
en d'autres termes, celui qui atteint bien plus le *superflu* du
riche que le *nécessaire* du pauvre; telle est la loi, telle est la
base immuable dont tout pouvoir qui comprend sa mission ne
peut se départir, sous peine de succomber tôt ou tard sous le
poids de l'animadversion publique; car il n'y a de durable que

ce qui est juste, que ce qui est conforme aux intérêts moraux et matériels de la majorité; et dans notre langage, le mot de majorité ne se rapporte point à un sénat ou à une assemblée législative quelconque, mais bien à la société tout entière.

Les premiers rudimens de la science industrielle et du plus grossier bon sens, nous apprennent que les progrès de la *consommation* entraînent nécessairement des progrès correspondans dans la *production*; or, en fait d'impôt, quelle doit être la préoccupation des législateurs qui veulent le bonheur de leur pays? Doivent-ils uniquement se proposer de satisfaire quelques intérêts influens? ou bien asseoir les taxes publiques de manière à ce que la consommation, de plus en plus dégagée de toute entrave, donne le plus possible un libre essor au travail, seul élément de la richesse publique et privée? Est-ce en vue d'un semblable principe que nos lois fiscales sont établies? Nul ne saurait le prétendre.

Depuis l'établissement en France du gouvernement représentatif, tel que l'ont fait et conservé les aristocrates anciens et nouveaux, des combinaisons électorales, dont le double vote a été l'expression la plus franche, ont attribué à la grande propriété le monopole de la confection des lois; c'est ce qui fait que les intérêts des propriétaires n'ont cessé d'être si fortement protégés, à l'exclusion des intérêts des travailleurs.

Tous les impôts de consommation qui grèvent les produits de notre propre sol, tous les droits de douanes qui ne sont point momentanément nécessités par la protection que réclament encore quelques industries nationales, sont autant d'entraves au travail, et, par suite, sont les causes permanentes de la gêne et de la détresse publiques.

Les taxes exorbitantes qui, par exemple, frappent le sel, le vin, le sucre, le coton, etc., en diminuant, dans une énorme proportion, la consommation de ces denrées, augmentent les privations forcées des sept huitièmes de la population, et, par une réaction inévitable, portent une atteinte directe à toutes les industries qui créent ces produits, qui les manipulent, qui les transportent, qui les échangent, qui les débitent.

Quel est, au contraire, l'effet des impôts directs, alors qu'ils frappent uniquement les *revenus?* Suspendent-ils l'ensemencement de nos champs? font-ils arracher nos vignes, nos oliviers, nos mûriers? font-ils abattre nos forêts et livrer aux oiseaux nocturnes les habitations de nos villes? ou bien ne sont-ils point, au contraire (alors surtout qu'ils sont maintenus dans une juste limite), un puissant stimulant pour le perfectionnement de tous les travaux, de toutes les propriétés?

Ah! si l'on pouvait se rendre compte de toutes les pertes, de tous les maux qu'un faux système financier peut entraîner; si ceux-là même qui croient, en se cramponnant au *statu quo*, défendre le plus opiniâtrement leurs intérêts les plus chers, pouvaient exactement apprécier combien leur est nuisible un système qui n'a pour base qu'une déplorable routine, combien ils seraient empressés de répudier un tel état de choses!

Certes nous savons que tout état a besoin d'être administré; qu'il a besoin de pourvoir à sa défense extérieure, à l'éducation publique, au salaire de ses juges et de ses percepteurs d'impôts; qu'il doit aussi remplir ses engagemens avec fidélité et assurer le paiement de ses dettes.

Ces divers services, dont nous reconnaissons l'importance, pourront bien éprouver d'importantes réductions, mais ce n'est point immédiatement qu'elles peuvent être réclamées. L'affermissement de la paix (et pour mon compte personnel, je crois à la paix, sans pour cela en attribuer le mérite à telle administration plutôt qu'à telle autre, sans l'attribuer non plus à telles ou telles négociations, à telles ou telles concessions que je ne me charge point ici de qualifier; mais seulement parce que je ne vois point à qui la guerre peut aujourd'hui profiter), l'affermissement de la paix, disais-je, devra entraîner d'importantes réductions sur les dépenses militaires; une meilleure répartition des impôts produira des économies dans les frais de perception;

le développement du crédit, la création d'un système de banque, (système autrement utile à la circulation des capitaux que celui qui régit actuellement le simulacre des banques françaises), devront promptement réduire l'intérêt de la dette inscrite; d'autre part en augmentant, comme on devrait le faire promptement, les allocations en faveur de l'éducation publique, on pourra diminuer progressivement et dans une forte proportion les dépenses administratives et de la justice.

Nous ne nous faisons cependant point illusion, et nous savons que toutes ces réformes ne peuvent être, soit en totalité, soit en partie, que l'œuvre du tems; mais pour qu'elles puissent s'accomplir sans chocs violens, sans perturbations, il faut la coopération *active* de tous les hommes généreux, sincèrement dévoués au *progrès social.* Pour y arriver successivement et tirer le parti le plus avantageux des forces reproductives de la France, il faut extirper, des hautes régions où elles se cachent, les branches parasites qui dévorent le fruit des sueurs et des veilles des hommes laborieux; il faut, en un mot, activer le développement de toutes les richesses du sol et de toutes les facultés humaines.

Le système actuellement suivi est-il le plus propre à atteindre ce but? Non, mille fois non. Et le ministère qui, en arrivant au pouvoir, s'était dit *le conservateur de tous les intérêts,* n'a pu, jusqu'à ce jour, et peut-être à son insu, qu'être fidèle à la politique du parti dont il est l'expression; c'est-à-dire qu'il a dû, ainsi que l'avait fait la restauration, favoriser exclusivement quelques classes influentes, quelques coteries, au détriment du reste de la nation.

Nous venons de démontrer d'une manière assez sensible les funestes effets de l'assiette actuelle de l'impôt sous le rapport industriel; il nous sera facile de prouver que, sous le rapport purement financier, ses effets ne sont pas moins pernicieux.

Les ressources *ordinaires* du budget de 1832 s'élèvent, selon M. le baron Louis, à 978,586,391 fr.; selon M. Humann, elles ne produiront que 948,586,391 fr.; mais, avec les nouveaux im-

pôts proposés par la commission, elles s'élèveront, Dieu aidant,
à. . . . .   968,394,791 fr.

Les frais de perception et de régie des
divers impôts (non compris environ 20
millions qui, sur les 22,787,500 fr. por-
tés aux *services généraux* du ministère des
finances, sont aussi relatifs à la perception) s'élèvent, selon M. le baron Louis,
à.   118,211,833

Il reste donc à affecter aux services publics, sur l'ensemble des impôts ordinai-
res, une somme *nette* de. . . . . .   850,182,958 fr.

Pour faire arriver cette somme au trésor, il a fallu dépenser
118 millions, ce qui représente 13 fr. 90 c. par 100 fr. de frais
de perception (en Angleterre ils sont de 6 fr. 60 c. par 100 fr.);
si les 20 millions de frais généraux s'y trouvaient compris, l'ensemble des frais de perception s'éle-
verait à . . . .   16 fr. 65 c. pour 100 fr.

Cette dépense est exorbitante sans doute, mais ce n'est pas
tout encore; voici comment elle se répartit sur les diverses branches du revenu public; nous ne nous occuperons point ici des
frais des postes, des tabacs, des poudres et des forêts, cette
partie étant presque entièrement employée d'une manière repro-
ductive.

Les cinq contributions directes produi-
sent brut 372,746,909, et net. . . .   354,454,509 fr.

Les frais de perception coûtent
18,096,400 fr., soit 5 fr. 10 c. p. 100.

L'enregistrement, le timbre, le greffe,
etc., produisent brut 196,225,000 fr., et
net   186,579,250

2

Les frais de perception coûtent
9,645,750 fr., soit 5 fr. 17 c. p. 100.

Les *douanes* et les *sels* produisent brut
154,300,000 fr., et net.   134,082,332

Les frais de perception coûtent
23,217,698 fr., soit 17 fr. 71 c. p. 100.

Les droits sur les boissons (les octrois
exceptés) produisent. . . 69,800;000 fr.

Les frais de percep-
tion (déduction faite de
2,149,600 fr. pour les
frais des autres contributions indirectes) coûtent 17,800,000

Produit net.. . . 52,000,000 fr. ci 52,000,000

Sur cette somme de 52 millions, les
frais de 17,800,000 fr. représentent 34 fr.
23 c. p. 100 fr.

Avec la loterie , enfin , on perçoit
29 millions pour un produit net de. . . 6,125,300

Les frais de perception coûtent
1,874,700 fr., soit 30 fr. 60 c. p. 100.

Les frais de perception par nature de contribution, en France
et en Angleterre(1), s'élèvent :

	En France. p. 100 f.		En Angleterre. p. 100 f.		Différence en faveur de l'Angleterre.		
Sur les contributions directes.	5 f. 10 c.		5 f. 40 c.		» f.	» c.	p. 100.
Enregist., timbre....	5	17	3	50	1	60	id.
Douanes..........	17	71	7	50	10	21	id.
Loterie...........	30	60	»	»	»	»	id.
Boissons..........	34	23	3	50	28	73	id.
Postes	52	80	30	50	22	30	id.

(1) En regard des frais de perception de l'impôt des boissons, nous avons placé
les frais de l'*accise anglaise*, impôt qui représente nos contributions indirectes.
La loterie ayant été abolie en Angleterre, il n'y a point de frais pour cet objet.

On voit dès lors que les impôts de consommation, que nous avons prouvé être contraires à la morale, à la politique et à la production, ont également des conséquences désastreuses sous le rapport financier, en ce qu'ils occasionent à l'état des frais de perception considérables.

Il n'est peut-être pas inutile de faire remarquer, en outre, que le service actif des douanes emploie 27,664 hommes, et que la perception de l'impôt des boissons occupe 7,512 hommes et 2,764 chevaux; ce sont autant de forces perdues pour les travaux productifs.

Qu'on ne conclue cependant point de ce que nous venons de dire, que nous réclamions la suppression immédiate des lignes de douanes; nous savons qu'un semblable résultat ne peut qu'être éloigné, et qu'il se rattache à des combinaisons politiques et industrielles qu'il n'est point possible de réaliser actuellement.

Mais lorsqu'on songe que les frais de perception de l'impôt direct ne coûtent que 5 fr. 10 c., et l'enregistrement 5 fr. 17 c. par 100 francs, tandis que sur l'impôt des boissons les mêmes frais s'élèvent à 34 fr. 25 c. par 100 francs, c'est-à-dire à une somme supérieure au *tiers* du produit net, on doit être sobre d'éloges en faveur d'une si déplorable combinaison fiscale.

La restauration, qui n'avait accepté le gouvernement représentatif que comme une excellente machine de guerre contre les contribuables, avait pu persévérer dans une voie aussi ruineuse. M. de Villèle, le plus habile, sans contredit, des ministres de cette époque, avoit fort bien senti que le contrôle public des finances était le moyen le plus facile de satisfaire aux exigences du parti libéral. Par ses combinaisons adroites, les impôts et les emprunts lui permettaient, d'un côté, de prélever d'énormes capitaux; et, d'un autre côté, l'extrême complication qui résultait nécessairement de la multiplicité des taxes, avait été, dans

---

Il peut, en général, y avoir quelques légères différences dans l'appréciation des frais, selon qu'on prend pour base le produit *net* ou le produit *brut* de l'impôt.

ses mains, un moyen d'augmenter prodigieusement le nombre des emplois, et par conséquent celui de ses créatures ; c'est ainsi qu'il avait pu prodiguer les faveurs et les places à l'émigration, long-temps importune et oisive, et organiser ce vaste système de corruption qui aurait eu pour effet, sans l'énergique protestation de juillet, de concentrer dans les mains des fonctionnaires tout le contrôle législatif des mesures financières.

Comme on le voit, le système était complet dans toutes ses parties ; tout concourait admirablement au même but ; l'élévation des frais de perception, loin d'être alors un vice de l'organisation administrative, en était au contraire un perfectionnement ; car ce mode permettait de *consolider* des dépenses au profit des courtisans ; c'était ainsi qu'on pourvoyait à la *liste civile* des enfans perdus de l'ancienne noblesse. De même que, dans l'armée, les états-majors absorbaient la plus grande partie des allocations de crédits, et qu'au moment où les arsenaux étaient vides et les cadres déserts, le nombre des officiers allait toujours croissant, et semblait dépasser celui des soldats présens sous les drapeaux ; de même aussi le chiffre des frais de perception allait toujours empiétant sur celui du produit net des impôts.

C'est à la France, telle que juillet l'a faite, à apprécier cette tendance, à examiner si elle entend la sanctionner, la perpétuer ; c'est aux contribuables qu'il appartient de juger s'il leur convient de continuer, sous une forme quelconque, à être *taillés à merci* pour la plus grande édification de ceux qui à un titre quelconque veulent *conserver* des traditions de la restauration.

Nous allons aujourd'hui, en vue des principes que nous avons déjà posés, examiner les diverses branches du revenu public, dans l'ordre qu'a suivi M. le rapporteur de la commission.

CONTRIBUTION FONCIÈRE.

Tandis que tous les impôts les plus nuisibles au travail sont religieusement conservés, tandis que des surtaxes sont encore proposées par la commission des recettes, voici comment s'exprime son rapporteur, relativement à l'impôt direct :

« Les sacrifices imposés aux propriétaires se trouvent atté-
» nués : ils sont, d'ailleurs, moindres qu'autrefois ; car, sous
» l'administration de M. Necker, les impositions territoriales
» s'élevaient à 190 millions, qui représentent de nos jours
» une valeur de 249 millions.

» La contribution foncière, fondée en 1790 par l'assemblée
» constituante, a été fixée à la somme de 240 millions ; elle est
» portée au budget qui nous occupe pour 244,873,409 fr. en
» principal et en centimes additionnels de toute nature. L'éva-
» luation officielle du revenu net des propriétés bâties et non
» bâties s'élevant à 1,084 millions de francs, il suit que la
» quotité de l'impôt est, en principal et en centimes additionnels,
» de 14 fr. 55. c. par 100 fr. de revenu. La proportion est mo-
» dérée, et cela est juste et nécessaire..... »

Juste et nécessaire ! Il faut avouer qu'une telle conclusion ren-
verse toutes les notions que nous possédions sur la justice et sur
la nécessité.

Il nous sera facile, même sur les bases posées par M. Humann,
d'établir que, tandis que les charges publiques se sont accrues
dans une énorme proportion (1), les taxes qui frappent la propriété
territoriale ont éprouvé une réduction considérable : la contribution foncière de 240 millions, établie en 1790, représente aujourd'hui 315 millions, d'après l'échelle de dépréciation donnée
plus haut ; admettons seulement 300 millions, pour être plus ri-
goureux. Dans le budget de 1832 cette contribution ne figure
que pour une somme de 244,873,409 fr. ; c'est donc un dégrèvement bien réel de plus de 55 millions.

---

(1) Le budget ordinaire des dépenses de 1816 s'élevait à 490,446,349 fr., le
budget ordinaire de 1832, y compris la liste civile et les crédits supplémentaires
s'élève à 993,650,012 ; il faut déduire de cette somme 118,211,833 fr. pour
frais de perception qui n'étaient point compris dans les dépenses de 1816, on
trouve net 875,438,179 fr. Cela fait 78 pour cent de plus qu'en 1816.

Ce dégrèvement ne sera cependant point suffisamment apprécié par ceux qui n'ont point observé la décroissance qui s'est opérée depuis quarante ans dans le signe monétaire, relativement à la valeur des terres. Mais ce n'est point, ainsi que nous allons l'établir, seulement sous cette forme que la propriété s'est trouvé favorisée depuis la révolution française.

Le principal de la contribution foncière, réglé par la loi du 23 novembre 1790, était pour l'année 1791 de 240,000,000 fr.

La réunion du comtat venaissin à la France avait augmenté ce contingent de . . . . 959,740 fr.

La réunion de la principauté de Montbéliard l'avait aussi accru de. . . . . . . 251,000 fr.

241,210,740 fr.

Il faut en retrancher la contribution des propriétés nationales qui, en 1799 et 1800, ont été déclarées non imposables. . . . . 3,590,000 fr.

Principal de la contribution foncière de 1790. . . . . 237,620,740 fr.

Il n'est porté au budget de 1832 (fol. 37) que pour . . . . 154,794,459 fr.

Dégrèvement sur le *principal* de la contribution foncière de 1790 à 1832. . . . . 82,826,281 fr.

Les modifications qui ont été produites sur l'ensemble de l'impôt foncier, par suite des centimes additionnels, seraient longues à énumérer ; M. de Chabrol signale un dégrèvement de 56,804,468 fr. opéré dans une période de sept années (1).

-----

(1) Du 17 juillet 1819 au 6 juillet 1826. Voir le rapport sur l'administration des finances; état n° 11, f° 26 : ces 56,804,468 fr. se composent de 18,119,222 sur le principal (ils sont conséquemment compris dans le dégrèvement de 82 millions), et de 38,685,246 en centimes additionnels.

En 1818 la contribution foncière en principal et en centimes additionnels, s'élevait à . . . . : 295,351,554 fr.

En 1832, la même contribution , y compris les centimes additionnels ordinaires, s'élève à . . . . 244,873,409 fr.

Dégrèvement sur le *principal* et les centimes additionnels de la contribution foncière de 1818 à 1832. . . . . 50,678,145 fr.

En 1851 cette contribution s'élevait à 291,314,362 fr.

Les nécessités publiques ne sont pas moins fortes en 1832 qu'en 1851 , nous ne voyons donc pas le motif de cette réduction.

Depuis 1790, et même depuis 1818 , la valeur des terres et le prix des fermages se sont considérablement élevés ; de nouvelles routes et de nouveaux canaux qui ont été ouverts (1) , en facilitant l'écoulement des produits, en ont amélioré sensiblement le prix ; depuis 1790 et 1818, des constructions des défrichemens nouveaux, ont augmenté la masse des propriétés imposables ; il s'ensuit dès-lors que, par une prédilection inconcevable, cette branche du revenu public a éprouvé un dégrévement considérable, alors que tous les autres impôts ont été exhaussés au-delà de toute mesure. Est-ce là de la justice distributive, et la charte, que le parti doctrinaire invoque si souvent, est-elle en cela fidèlement observée ?

Afin d'établir que l'impôt foncier s'élève à 14 fr. 55 c. par 100 fr. de revenu, M. Humann prend pour base une prétendue évaluation officielle qui porte à 1,684,000,000 le revenu net des propriétés bâties et non bâties. On sait combien ces évaluations officielles sont éloignées de la vérité ; car, en fait de dé-

______

(1) Chaque année on réclame au budget environ 40 millions pour l'entretien ordinaire des communications ; en 1832, la dépense s'élevera à 60 millions , et dans cette somme ne se trouvent point comprises les dépenses faites par les communes pour chemins vicinaux, ni par les entreprises particulières.

claration de revenu, les contribuables ont tous la conscience facile. Si donc l'on voulait comparer le chiffre de l'impôt au revenu
réel, nous avons la conviction qu'il ne s'éleverait guère au-delà
de 10 à 11 fr. par 100 fr. (1).

Si l'on considère, en outre, qu'une part énorme dans la dépense générale de l'état profite uniquement à la propriété foncière; si l'on veut bien réfléchir ensuite que la propriété se sous-
trait presque entièrement à l'impôt, ou du moins qu'elle en at-
ténue considérablement les effets à l'aide des lois sur les céréales,
qui n'ont d'autre objet que d'augmenter les revenus fonciers (2),
on reconnaîtra qu'à aucune époque le poids des taxes publiques
n'a été plus léger pour la grande propriété. C'est cependant dans
de semblables circonstances que M. le baron Louis a cru devoir
opérer le dégrèvement des 30 centimes additionnels, et qu'il a
trouvé dans la commission une majorité docile pour y souscrire?

Du reste nous allons citer les argumens à l'aide desquels
M. Humann a appuyé cette mesure, nous pensons qu'il nous sera
facile de trouver dans ses propres calculs des motifs pour maintenir cette surtaxe dans les ressources publiques. Voici ses chiffres :

« Sur 10,296,693 de cotes foncières qui se paient en France,
» il y en a

<pre>
    8,024,987 de   20 f. et au-dessous.
      663,237 de   21 à   30
      642,345 de   31 à   50
      527,991 de   51 à 100
      335,505 de 101 à 300
       56,602 de 300 à 500
       46,026 de 501 et au-dessus.
</pre>

---

(1) Nous n'entendons parler ici que de la contribution *moyenne*. Nous savons
que l'impôt foncier ne peut être également réparti, et que certaines localités se
trouvent très-surchargées, tandis que d'autres le sont très-peu.

(2) La charge de blé (un hectolitre $^3/_5$), première qualité, se vendait en février, 33 fr. dans l'entrepôt de Marseille. La même qualité se vendait, dans la même
ville, en dehors de l'entrepôt, 44 fr. C'est donc une augmentation de prix de
11 fr. sur 33, soit 33 pour cent !

» En analysant ces chiffres, on trouve que, sur mille
» cotes :

Maximum du revenu représentatif.

779 sont de 20 f. et moins. ———	137 f.	45 c.
65	21 à 30 f.	206	17
62	31 à 50	343	62
51	51 à 100	687	24
33	101 à 300	2,061	72
6	301 à 500	3,436	20
4	501 et au-dessus.		

» Ainsi, sur dix cotes, neuf et six millièmes représentent un
» revenu net et annuel de 343 fr. 62 c. au *maximum*. »

Dans cette analyse, M. Humann n'a évidemmeut eu d'autre
objet en vue que de prouver que la propriété étant très-divisée
en France, la faible part de chaque propriétaire, dans les avantages qu'elle confère, devait exciter toute la sollicitude des législateurs. Nous prétendons, au contraire, qu'en raison de cette
grande division, on peut, on doit même, dans l'intérêt des neuf
dixièmes de propriétaires sur le sort desquels M. Humann semble
s'être apitoyé, maintenir pour 1832 la surtaxe imposée en
1831, à la condition, toutefois, de dégrever les impôts les plus
onéreux à la production, dont le recouvrement est le plus incom-
mode et le plus ruineux.

Sur 10 millions de cotes, dites-vous, 8 millions représentent
un revenu dont le *maximum* est de 137 fr. 45 c.? Eh bien! nous
prenons ce *maximum* pour base :

Sur ce revenu, l'impôt foncier s'élève, comme on l'a vu, à
20 fr.

Ces 20 fr. se composent de 14 fr. 60 c. en *principal*, et de
5 fr. 40 c. en centimes additionnels *ordinaires* (1) ;

____

(1) La contribution foncière se compose, d'après le budget de 1832, d'une
somme fixe en principal, et de 37 cent. additionnels *ordinaires ;* ces deux élémens de la contribution sont dans le rapport sur 100 : de 73 pour le principal,
et de 27 pour les centimes additionnels.

En ajoutant les 30 c. additionnels *extraordinaires,* on formerait donc sur le principal de 14 fr. 60 c. une surtaxe annuelle de 4 fr. 38 c. seulement.

Si l'on va jusqu'au revenu de 343 fr. 62 c., qui représente une cote de 50 fr. (dont le principal est de 36 fr. 50 c.), les 30 c. additionnels formeront 10 fr. 95 c. de surtaxe.

Est-ce là une cause de ruine pour les contribuables, qui, comme M. Humann l'a fort bien dit, comprennent plus des neuf dixièmes des propriétaires ?

Voyons maintenant quels seraient les dédommagemens :

L'impôt des boissons s'élève, pour un ménage de cinq personnes, de 20 à 25 fr. par an, soit 22 fr. 50 c. et il produit net à l'état 52 millions. Si, à l'aide du maintien des 30 c. additionnels, qui s'élèvent à 46 millions 438,808 fr., on supprimait cet impôt, *sur dix cotes foncières, neuf et six millièmes,* c'est-à-dire, plus des *neuf dixièmes* des contribuables fonciers, y trouveraient un bénéfice relativement très-fort, puisqu'ils seraient dégrevés de 22 fr. 50 c. et qu'ils n'éprouveraient qu'une surtaxe de 10 fr. 95. En récapitulant ces chiffres, on trouve d'une part que la côte foncière de 50 fr. se serait élevée à . . 60 fr. 95 c. D'une autre part le contribuable qui la paie aurait été dégrevé sur l'impôt des boissons de . . . . 22 fr. 50 c.

Au lieu donc de 50 fr., il ne paierait plus en réalité que . . . . 38 fr. 45 c.

Il aurait ainsi éprouvé une économie de *vingt-trois pour cent!*

Nous n'avons point ici tenu compte encore du bénéfice qui résulterait pour un très-grand nombre de propriétaires de la vente de leurs produits.

Qu'on cesse donc d'invoquer en faveur du maintien du *statu quo* financier l'intérêt de la petite propriété, voire même de la moyenne ; car évidemment si une mesure peut leur être favorable, c'est bien certainement la suppression de l'impôt des boissons et son remplacement sur les centimes additionnels de la contribution foncière.

Nous avons parlé d'une réduction de 23 pour cent sur le chiffre de l'impôt représenté par plus de neuf millions de cotes (1) ; sur ce nombre, ce n'est évidemment encore que des cotes les plus élevées que nous avons entendu parler ; car, sur ces 9,330,569 cotes, il y en a depuis 1 franc jusqu'à 50 francs, et, comme on l'a vu plus haut, ces dernières sont en très-faible quantité ; il suit dès lors qu'au fur et à mesure que le chiffre de la cote est plus faible, la réduction qui résulte de la substitution est relativement plus considérable, et qu'au lieu de 23 pour cent d'économie, il y a, dans le plus grand nombre de cas, une économie de cent, deux cents, et même trois cents pour cent.

Les seuls intérêts que le maintien des 30 centimes additionnels blesserait en apparence, sont donc uniquement ceux de la grande propriété ; nous disons en apparence ; car il est évident que l'amélioration qui, par suite de cette mesure, pourrait s'effectuer dans la culture des terres, et la plus grande chance de tranquillité intérieure, qui en serait la conséquence nécessaire, serait de nature à les dédommager de ces légers sacrifices ! Du reste on a toujours à la bouche les mots de patriotisme, de dévouement, de sympathies pour les souffrances populaires ; il faudrait cependant bien songer à prouver par des *actes* la sincérité de ces sentimens. Et qui mieux que les classes favorisées des avantages sociaux peuvent le faire ?

CONTRIBUTION PERSONNELLE ET MOBILIÈRE.

Lorsque M. Humann a examiné dans son rapport la question des sels, pour résister aux réclamations des contribuables, il s'est écrié : « Si jamais de telles concessions étaient faites à la

---

(1) Le chiffre exact des cotes de 50 fr. et *au-dessous* est de 9,330569 sur un total de 10,296,693 , c'est donc 906 cotes sur 1000.

» voix populaire, c'est alors que l'anarchie triomphante ruine-
» rait notre avenir, et nous entraînerait rapidement à la sub-
» version de l'ordre social. » Comment se fait-il qu'après avoir
reconnu les avantages de l'impôt de *quotité*, et avoir dit qu'il
avait « été proscrit, mais non jugé, » il ait proposé « d'ajourner
» ce changement à des tems plus calmes, et de revenir à l'impôt
» de *répartition*? » On est inébranlable dans la question du sel,
souple pour l'impôt de quotité ; pourquoi tant de jactance d'un
côté et tant de soumission de l'autre?

La conversion des taxes personnelles en impôt de quotité fut
un progrès ; mais la loi du 30 mars 1831 a fait de ce principe,
bon en lui-même, une mauvaise application ; les motifs des réclamations qui se sont élevées sur tous les points de la France
sont faciles à expliquer.

En 1830, les contributions personnelle et
mobilière réunies, s'élevaient à . . . . . 35,580,793 fr.
La loi du 30 mars les a portées en 1831 à   58,355,000

Augmentation en 1831 . . 22,774,207

Or il a fallu que, soit par l'impôt de quotité, soit par l'impôt de répartition, ces 22 à 23 millions pussent se trouver quelque part.

Le budget de 1832 élevait ces deux contributions à
65,065,000 fr. ; la commission les a réduites à 50,965,000 fr. ;
c'est encore 15,384,207 fr. de plus qu'en 1830 ; la cause du
mal n'est donc qu'atténuée, mais elle subsiste toujours.

Le vice de la loi n'est cependant point là ; car cet impôt peut
produire 50 à 60 millions et même plus, s'il est bien assis ; mais
il n'en est point ainsi : l'impôt de quotité, tel que l'a fait la loi
du 30 mars 1831, prélève sur chaque personne exerçant un
état : 1° un droit fixe égal à trois journées de travail ; 2° une
taxe proportionnelle sur le prix du loyer.

La fixation du prix de la journée de travail étant la même
pour tous, pour le banquier opulent comme pour son obscur

garçon de caisse ; ce n'était plus là une taxe de quotité, mais bien une véritable capitation. La première modification à introduire dans la loi devait donc être de faire disparaître cette choquante anomalie ; loin de le faire, on a maintenu cette base dans la réforme qui a été proposée par la commission.

La taxe proportionnelle sur les loyers avait pour objet d'atteindre les revenus mobiliers qui échappent à l'appréciation de l'impôt le prix du loyer étant le signe le plus saisissable du revenu. Or, cet avantage disparaît dans l'impôt de répartition, qui laisse la porte ouverte à tout l'arbitraire, à toute la partialité des répartiteurs. Pour atteindre son but, *l'impôt personnel et mobilier doit donc être impôt de quotité* ; mais pour pouvoir s'appliquer d'une manière équitable, il ne suffit point qu'il soit *proportionnel*, il faut encore qu'il soit *progressif*. Pour saisir le revenu, la taxe doit être relativement plus forte sur les loyers de luxe que sur les loyers inférieurs ; car il faut un logis à celui-là même qui est misérable, qui ne gagne que juste ce qu'il faut pour subvenir à une chétive existence et qui ne peut rien ou presque rien payer à l'état. Nous aurons occasion de parler plus bas de ces taxes, à l'occasion de l'impôt des patentes.

CONTRIBUTION DES PORTES ET FENÊTRES.

On vient de voir que la commission avait modifié l'impôt de quotité, quant à l'impôt personnel, elle en a fait de même quant à celui des portes et fenêtres : en cela elle a bien fait ; car il est impossible d'établir une taxe de quotité sur cette dernière contribution, puisque les *unités*, qui servent de bases à la taxe, ne peuvent point être égales. Afin d'arriver à une *répartition* plus équitable de cet impôt, la commission a établi une échelle de droits, qui différencie la taxe en raison et du nombre des ouvertures de chaque maison et de la population des villes ; c'est là sans doute une amélioration dont profitera la classe peu aisée ; mais, dans la même ville, toutes les ouvertures n'ont point la même valeur ; et, par exemple, à étage égal, la fenêtre d'une maison située rue de Rivoli, ou bien quai Voltaire, ne peut être, sans injustice, taxée au même prix (1 franc 80 centimes) que celle d'une maison du quartier Saint-Marceau, ou de l'une des rues étroites qui avoisinent l'ex-archevêché. Nous ne concevons point, en outre, quelle est la monomanie fiscale qui a fait maintenir une taxe, minime à la vérité (30 cent.), sur les maisons qui n'ont qu'UNE *seule* ouverture, c'est-à-dire une porte et point de fenêtre.

Quoiqu'il en soit de ces incohérences et de ces demi-mesures, nous devons citer avec éloges la conclusion de M. Humann : « L'impôt (celui des portes et fenêtres), malgré cette amélioration, présentera encore des inégalités et des inconvéniens. » Comme il n'est au fond qu'une addition à la contribution foncière de la propriété bâtie, il vaudrait mieux l'asseoir, comme celle-ci, sur le revenu net ; ce mode aurait l'avantage de le proportionner avec la valeur de la matière imposable et avec les facultés qu'elle présuppose. » Nous adoptons cette modification ; mais pourquoi la commission ne l'a-t-elle pas immédiatement proposée ? Quel funeste esprit de routine vient donc présider à l'examen des lois de finance ?

PATENTES.

C'est encore la même antipathie contre toute innovation qui a fait maintenir les taxes des patentes sur les bases qu'a posées la loi de brumaire an VII. Le premier impôt des patentes a été, comme l'a fort bien dit M. Humann, substitué, en 1791, aux droits de maîtrise et de jurande ; mais à cette époque l'industrie sortait à peine de l'esclavage dans lequel l'organisation féodale l'avait tenue ; les travailleurs n'avaient point acquis dans la société la haute importance à laquelle ils ont droit aujourd'hui. Vivre sans rien faire était ce que par tradition, par habitude, on appelait, à une époque très-voisine de la révolution française, vivre noblement. Depuis lors, les idées de 89 ont passé dans nos mœurs; les vilains ont conquis sur les seigneurs châtelains de véritables titres de noblesse : le travail seul est généralement honoré!

Comment se fait-il que les progrès de la morale publique ne se soient point introduits dans la loi? A quel titre frappe-t-on l'industrie de taxes exorbitantes, alors qu'on traite avec tant de ménagement les gens vivant de leur revenu? L'homme qni travaille n'est-il point le plus utile à la société? Ces vérités sont aujourd'hui cependant assez vulgaires; elles ont même trouvé place dans le rapport de M. Humann : « La richesse d'un état, a-t-il » dit, est dans les élémens du travail; aussitôt que le travail lui » manque, la misère l'envahit. » Or, puisque vous rendez justice à cette source féconde de la prospérité publique, il faut lui accorder, sinon des avantages dans la répartition des charges, du moins les bienfaits de l'égalité.

Nous pensons en conséquence que, par l'application de ce principe, les taxes personnelles, mobilières et des patentes, telles qu'elles existent aujourd'hui, devraient être supprimées, et qu'un seul droit proportionnel *progressif* devrait leur être substitué ; ce droit devrait avoir pour base le loyer (1), *sans distinction de pro-*

---

(1) Pour les villes de 80,000 ames et au-dessus, par exemple, l'échelle des droits pourrait être ainsi établie (personnel, mobilier et patentes réunis.) :

Pour un loyer de			
500 fr. et au-dessous,			4 fr. par 100 fr. de loyer.
501 à	1,000 fr.		5
1,001 à	1,500		6
1,501 à	2,000		7
2,001 à	5,000		8
5,001 à	4,000		9
4,001 à	5,000		10
5,001 à	6,000		11
6,001 à	7,000		12
7,001 à	8,000		13
8,000 à	10,000		14
10,001 et au-dessus			15

Dans les villes de 60 à 80 mille ames, la progression devrait commencer à

fessions; la loi aurait à fixer la quotité de l'impôt, qui devrait être variable selon la population des villes, et dans chaque ville selon l'importance du loyer, de manière à ce que la base de l'impôt serait relativement d'autant plus élevée que le prix du loyer serait plus fort.

Actuellement, l'impôt des patentes se compose d'un droit fixe, variable selon la nature des profession ; puis d'un droit proportionnel de 10 fr. par 100 fr. sur le prix des loyers, sans distinction pour l'importance des villes ni pour la progression des loyers. Si l'on compare cette lourde charge à la modicité des taxes mobilières actuelles, on trouvera que l'industrie n'a point encore conquis, dans la loi de finance, toute la valeur sociale qu'elle mérite.

ENREGISTREMENT.

Cet impôt a fourni à M. le rapporteur l'occasion d'exprimer ses vues sur la propriété, qu'il n'a toutefois envisagée que sous le rapport de sa transmission ; l'enregistrement ne lui est dès lors apparu que comme appendice, comme constatation de ce droit.

La transmission de la propriété est effectivement un fait très-grave dans la constitution des sociétés, et son importance a été tellement sentie, que l'État est toujours intervenu pour régler le mode en vertu duquel elle s'effectue, et pour lui faire éprouver les modifications qui ont été successivemeut réclamées par les progrès de la civilisation et par les nécessités sociales. Le droit de transmission a donc toujours été placé sous la protection de la loi civile, et par cela même il a dû subir les diverses transformations que cette loi a éprouvées.

Mais l'enregistrement n'a point seulement pour objet, ainsi que M. Humanu veut bien le dire, « d'imprimer aux actes de la

---

400 fr. ; dans celles de 40 à 60 mille, à 300, etc. On conçoit que nous ne donnons ces bases que pour traduire notre pensée en chiffres ; dans l'application, elles sont susceptibles d'éprouver de grandes modifications.

» vie civile, et aux contrats qui dérivent de la propriété, un ca-
» ractère de régularité inaltérable ; » car la transmission des propriétés mobilières est tout aussi importante que celle des propriétés immobilières, et cependant celle-ci est seule assujétie à
la formalité de l'enregistrement (1) : il doit donc y avoir dans
l'enregistrement une question que M. Humann n'a point envisagée. Nous allons y suppléer :

Toute richesse est le fruit du travail humain ; la propriété territoriale a seule une autre origine ; il y a quelque chose en elle
que l'homme n'a point créé, et dont la possession dérive du droit
du premier occupant, ou bien du droit de conquête. Que le lé-
gislateur en ait conscience ou non, l'enregistrement n'intervient
dans toutes les mutations que la propriété éprouve, que pour
prélever, au profit de la société, une part dans les avantages que
confère la possession du sol.

Cette donnée incontestable une fois posée, il sera facile de
justifier les augmentations de droits que la commission a proposées sur les mutations par décès et sur le donations entre-vifs,
ainsi que l'établissement de nouveaux droits sur les mutations de
certains offices publics (2) ; la législation constate par là que si la
société a fait, au profit de quelques-uns de ses membres, l'aban-
don d'un droit avantageux, elle ne s'est point, pour cela, des-
saisie du droit de contrôle dans l'intérêt de tous. Il ne ressort
point du rapport de M. Humann que ce soit sur un semblable
principe que les modifications de la commission aient été basées ;

---

(1) Il n'est ici question que des transmissions qui résultent des ventes ; notre
distinction subsiste toutefois quant aux transmissions par contrats de mariage ou
par décès ; car si l'on consulte le tableau annexé au rapport de M. Humann, on
verra que sur les donations et sur les successions, les droits sur les immeubles
sont *doubles* et même *triples* relativement à ceux qui frappent les objets mobiliers ; cette différence de droits fortifie les raisons que nous donnons pour expliquer l'impôt de l'enregistrement.

(2) Les charges de notaires, de courtiers, d'huissiers, etc.

cela ne prouve qu'une chose , c'est qu'on frappe quelquefois juste à son insu.

Le tableau des mutations entre collatéraux et entre personnes non parentes, qui se trouve imprimé à la suite du rapport de la commission, offre des résultats curieux, qu'il est utile de résumer. On y trouve qu'en France, en 1830, les mutations (meubles et immeubles) qui ont été effectuées par suite de décès ou ou par donations ont été :

Entre frères et sœurs, oncles et tantes, neveux et nièces....	Par donations.	16,315,402 fr.
	Par décès. . .	191,892,555
Entre grands-oncles et grandes-tantes, petits-neveux et petites-nièces, cousins germains. ..	Par donations.	2,719,233
	Par décès. . . .	31,982,093
Entre parens au-delà du 4° degré et jusqu'au 12°.	Par donations.	2,719,233
	Par décès. . .	319,82,092
Entre personnes non parentes.	Par donations.	10,672,736
	Par décès. . . .	40,665,257
Total des mutations entre collatéraux et entre personnes non parentes.		328,948,501 fr.
En ligne directe, les mutations par donations s'élèvent, par année, à environ.		430,000,000
Les mutations par décès, également en ligne directe, à environ.		950,000,000
Total, par année, des mutations en ligne directe.		1,380,000,000 fr.

Lorsqu'on examine attentivement ces résultats, on peut apprécier à quel point sont faibles les liens de parenté au-delà du quatrième degré et jusqu'au douzième, puisque les mutations qui en ont été la conséquence ont été de beaucoup inférieures (54 millions 701 mille 325 fr.) à celles qui ont été effectuées au profit de personnes non parentes (51,357,993 fr.), nonobstant l'aggravation de droits qui frappent ces dernières. On en doit conclure qu'on pourrait élever, plus que ne l'a fait la commission, les droits de mutation au-delà du quatrième degré , et qu'on pourrait avec justice élever progressivement ce droit au fur et à mesure que les liens de parenté deviennent plus éloignés (1).

Quant aux droits de mutation de certains offices, tels que les charges de notaires, d'agens de change, de courtiers de commerce, d'huissiers, avoués, commissaires - priseurs, greffiers, gardes du commerce, etc., nous pensons que le droit devrait porter sur le prix vénal de la charge, et non sur celui du cautionnement; car c'est la charge seule qui se vend; le cautionnement n'est qu'une garantie également exigée de tous les titulaires, il est toujours en dehors du prix de la chose qui est vendue.

TIMBRE.

M. le rapporteur n'a fait qu'indiquer le droit du timbre, il ne s'en est point du reste occupé. Nous n'imiterons point son silence :

Le timbre des effets de commerce est un impôt qui a pour but d'atteindre la circulation des capitaux ; cet impôt est d'une perception facile ; toutefois, le maintien de la surtaxe de deux cinquièmes, établie en 1816, fait qu'il ne rend point tout ce qu'il est susceptible de produire. La timbre était primitivement de 50 c., il est aujourd'hui de 70 c. par 1000 fr. L'élévation de cette taxe ; loin de produire un accroissement correspondant dans les revenus du trésor, doit le réduire au contraire dans une forte proportion, en provoquant l'émission des effets sur papier non timbré. En réduisant le prix du timbre à 50 c., et même à 40 c. par

---

(1) La commission a proposé un droit de 8 pour 100 sur les mutations au-delà du quatrième degré; nous pensous par exemple que le droit devrait être pour le cinquième degré de 10 pour 100; pour le sixième de 11 pour 100; pour le septième de 12 pour 100 , etc. , en augmentant de 1 pour 100 jusqu'au douzième.

1000 fr., on arriverait nécessairement à obtenir un revenu plus élevé, et en même tems à répartir cet impôt d'une manière plus équitable et plus morale. D'après ce qui ce passe aujourd'hui, ceux qui s'affranchissent du timbre (et le nombre en est considérable) ne le font qu'au préjudice de ceux qui le paient, et ils commettent, sans s'en douter, un acte illégal, frauduleux même, et qu'on peut assimiler à la contrebande : car lorsqu'un impôt est exigible pour quelques-uns, il doit l'être pour tous. Cet inconvénient pourrait donc être évité par la réduction de la taxe et par l'établissement d'une amende qui porterait sur *chacun* des endosseurs, amende qui serait progressive en raison des cas de récidive.

Nous dirons peu de chose du timbre des journaux ; cet impôt a bien le nom et la forme de celui dont nous venons de nous occuper, mais il est d'une nature différente ; il frappe brutalement les produits d'une industrie importante, et il a uniquement pour objet de restreindre l'émission de la pensée par la presse : c'est une des anomalies que la charte-vérité a religieusement conservées.

FORÊTS.

Une baisse dans le prix du bois, résultant de la fabrication du fer à la houille, a réduit le revenu des forêts de l'état de 24 millions à 18 ; M. Humann établit, par des calculs exacts, que ce produit ne s'élève point à 2 1/2 p. 100 de la valeur des bois : il pense dès lors avec raison que l'aliénation des forêts serait avantageuse sous le rapport financier, puisque l'état est dans le cas d'emprunter à plus de 5 p. 100. Cette opération a été souvent conseillée, et on n'a point jusqu'à présent tenu compte de cet avis.

Il est encore une autre opération qui offrirait des avantages : les biens des communes pourraient être vendus et le produit en être converti en rentes sur l'état. Napoléon avait commencé une opération semblable, mais à cette époque on s'y était mal pris et les interèts des communes avaient été sacrifiés. Dans les circonstances actuelles, cette mesure serait très-importante, en ce qu'elle rendrait à l'agriculture une grande quantité de terres qui sont aujourd'hui à peu près incultes, ou qui. du moins sont fort mal administrées. La gestion des biens communaux s'en trouverait simplifiée, car rien n'est plus facile à gérer qu'une inscription sur le grand-livre. Les sommes qui proviendraient de la vente des biens dont il est ici question, étant destinées racheter à la bourse des rentes au cours du jour, cela pourrait remplacer les rachats de la caisse d'amortissement, et tranquilliser ainsi ceux qui sont convaincus, en théorie, de l'absurdité de cette institution, mais qui redoutent, dans la pratique, les conséquences qui pourraient résulter de la suppression de ce prétendu véhicule du crédit public. La vente des biens des communes aurait encore l'avantage d'établir un lien plus étroit entre le centre de l'état et les localités les plus éloignées ; ce serait là de la centralisation, mais de la centralisation bien entendue.

DOUANES.

« Les lois ne créent point la richesse, mais elles la préparent ; elles excitent à la produire ; les nations, comme l'individu, font leur destinée. » Tels sont les principes que M. Humann a posés.(1). Oui, certes, les lois influent d'uue manière sensible sur la prospérité des empires ; mais, pour qu'elles puissent atteindre ce but, il faut que les législateurs soient dans le cas d'apprécier quelles sont les causes qui influent sur la formation des richesses.

L'argent, le signe monétaire, a été long-tems considéré comme la principale richesse ; c'est sous l'empire de cette préoccupation que le mouvement industriel des diverses nations européennes a été conçu par les gouvernemeus ; la balancc du commerce a été

-----

(1) Rapport sur le budget des recettes , page 25.

le point culminant de la législation commerciale. Lorsque les exportations excédaient les importations, l'état était prospère ; dans le cas contraire, l'état était en perte ; car, disait-on, il s'était appauvri de tout le numéraire qui avait dû sortir pour combler le déficit des exportations. Ce préjugé funeste fut une des causes principales des prohibitions qui frappèrent et l'introduction de certains produits et l'exportation des métaux précieux ; la même donnée produisit en partie l'exagération des tarifs sur les importations et les primes d'exportation.

Les travaux des économistes ont fait justice, depuis plus d'un demi-siècle, des chimères de la balance du commerce ; mais les progrès de la science ne s'introduisent que lentement dans la pratique sociale ; les états les plus avancés ont autorisé la libre circulation des métaux précieux ; ils ont atténué les effets des prohibitions *absolues*, mais les tarifs et les primes n'ont été que faiblement modifiés. Les droits de douanes étant devenus une source abondante d'impôts, sous prétexte de protection accordée au travail, on les a maintenus et souvent augmentés.

Nous ne pouvons toutefois nous refuser à reconnaître que, dans certains cas, les prohibitions, les tarifs élevés, et même les primes à la sortie, ont été d'utiles auxiliaires pour des industries naissantes ; ils ont permis d'effectuer des tentatives, de développer, d'acclimater des travaux et des cultures dont nous recueillons aujourd'hui les fruits ; mais on ne peut les considérer que comme des sacrifices que nos devanciers se sont imposés pour nous. Ces sacrifices ont été une expérimentation, une vérification à *priori* des forces reproductives de chaque état. En France, la vérification est à peu près terminée ; on sait par expérience quelles sont les industries et les cultures nationales, c'est-à-dire celles qui sont le mieux appropriées à la nature de notre sol et au génie de ses habitans ; on sait aussi quelles sont les industries et les cultures qui ne peuvent prospérer parmi nous, et qui, par conséquent, doivent cesser d'être favorisées par des moyens *factices*, ce qui, en finance, veut dire *ruineux*.

Nous ne prétendons point cependant que, sur une semblable donnée, les barrières de douanes soient subitement enlevées, et la liberté du commerce immédiatement proclamée ; nous savons qu'en fait d'industrie toutes les mesures brusques, toutes les grandes commotions produisent des effets désastreux : car si l'œuvre des législateurs consiste dans le développement des intérêts généraux, ils ne doivent point faire abstraction des intérêts particuliers. Nous pensons toutefois que les principes de la liberté du commerce doivent être posés comme le point de mire de la législation commerciale, et que la tendance doit être la décroissance progressive des tarifs protecteurs, comme préparation lente à leur entière abolition.

Ces principes se rapportent évidemment aux industries qui se sont établies à l'abri des taxes ; les capitaux qui s'y trouvent engagés, les moyens de travail qu'elles procurent, sont autant d'obstacles à un prompt changement de système.

Mais ils ne sauraient se rapporter aux tarifs qui n'ont qu'un but purement fiscal ; à ceux qui grèvent les denrées que notre sol ne peut produire, à ceux qui enchérissent les matières premières au détriment du travail ; et c'est ici que nous avons besoin de rappeler à M. le rapporteur la citation que nous lui avons déjà empruntée : « Les lois ne créent point la richesse, mais elles excitent à la produire. » Or, comme toute richesse n'est que le produit du travail, car le travail seul est productif, il suit dès lors que plus le travail sera encouragé, plus l'état sera prospère. Nous avons signalé, dans le rapport sur la loi des recettes, de nombreuses contradictions : ses investigations sur le tarif des douanes ne sont pas les moins fortes.

M. Humann dit (page 26 du rapport) que l'Angleterre « a *diminué* la taxe sur les vins pour la rendre *plus productive* dans » l'unique intérêt du fisc. » Et c'est quelques lignes plus loin qu'il résume sa longue dissertation sur les douanes par la proposition d'une *augmentation* sur les droits d'entrée des sucres et des cotons, afin, dit-il, de *renforcer les recettes*. On voit que nos financiers ne se piquent point d'être logiciens. Par ce simple rapprochement nous croyons avoir jugé la valeur fiscale de la surtaxe nouvelle ; il nous reste cependant à envisager comment cette mesure peut se concilier avec les encouragemens que l'on dit vouloir accorder au travail.

QUESTIONS DES SUCRES.

Les sucres bruts de nos colonies sont frappés d'un droit d'entrée de 49 fr. 50 c. par 100 kilogrammes ; ils se vendent, dans l'entrepôt, 75 fr. La taxe est donc égale aux deux tiers de la valeur de la marchandise rendue sur le lieu de la consommation, alors qu'elle est déjà surchargée de tous les frais de transport et d'assurance, de la perte des intérêts, du déchet et du bénéfice de l'armateur. C'est sur ce droit exorbitant de 49 fr. 50 c. que la commission réclame encore une surtaxe de 10 fr., qui, avec le décime en sus, s'éleverait à 11 fr. et porterait la totalité du droit à 60 fr. 50 c.

La commission a considéré le sucre comme un objet de luxe, et elle n'a point envisagé que, par le bas prix auquel la concurrence du sucre indigène l'a fait descendre depuis dix ans (1), il est devenu, malgré le droit, un objet de consommation pour les classes inférieures, et principalement pour celles des villes. Serait-on donc jaloux de les déshériter de cette faible jouissance ?

---

(1) L'usage plus général de la charrue, dans les colonies, a augmenté les récoltes et a permis de baisser les prix. Lors de l'enquête ordonnée en 1828 par le gouvernement, on avait prétendu, pour maintenir les droits actuels, que le prix u sucre devait être de 30 à 35 fr. dans les colonies ; les droits ont été maintenus, et la dernière récolte s'est vendue de 18 à 24 fr. Il est à présumer, cependant, que le défaut de bras doit limiter la production dans nos colonies. On reconnaîtra donc bientôt l'urgence de mettre le tarif sut les sucres des colonies étrangères un peu plus en rapport avec les besoins de la consommation du marché français. La taxe actuelle équivaut à une prohibition absolue.

La consommation du sucre, en France, est loin d'avoir atteint tout le développement qu'elle comporte; car elle ne s'élève, terme moyen, qu'à environ 2 kilogrammes par tête, tandis qu'elle a atteint 5 kilogrammes aux États-Unis, en Hollande et en Belgique, et 7 kilogrammes en Angleterre. Si l'on considère, en outre, que, dans la consommation moyenne de 2 kilogrammes par tête, pour la France, se trouve comprise la consommation de Paris, qui est de 5 kilogrammes par individu, on verra qu'il y a des départemens où la consommation est très-peu développée et où, par conséquent, elle est susceptible de prendre un très-grand accroissement, si les tarifs la stimulent au lieu de l'entraver.

Depuis 1815 et 1816, les importations de sucre se sont accrues dans une énorme proportion. En 1815, les quantités de sucre acquittées ont été de 16,909,120 kilog.; en 1816, de 24,590,075 Dix ans après, les importations avaient triplé : 71,640,009 kil. avaient payé les droits d'entrée en 1826 ; malgré les événemens politiques, en 1830, on a acquitté les droits sur 69,626,926,075.

Dans ces quantités sont comprises les exportations de sucres raffinés, exportations que la cherté de la prime encourage ; mais il n'est point fait ici mention des sucres indigènes, dont la fabrication a pris, depuis 1816, une extension considérable (1).

Le sucre est le principal retour des armemens coloniaux. Par son volume et sa faible valeur sur les lieux de production, il est un chargement très-favorable et très-productif. Dans l'année 1826, le commerce des sucres entre la France et nos colonies a exclusivement occupé 889 navires, jangeant ensemble 224,622 tonneaux.

Dans le court espace de quatre années, de 1816 à 1820, la consommation du sucre a doublé par le fait d'une baisse d'environ 20 pour cent sur le prix (de 36 sous la livre, les sucres raffinés descendirent alors à 29 sous) ; la même cause a élevé en six an-

---

(1) En 1828, il n'y avait que 89 fabriques de sucre de betterave; il y en a actuellement 200.

nées (de 1816 à 1822) l'importation de 24 à 55 millions de kil. ;
tandis que, dans les six années suivantes (de 1822 à 1828), les
prix n'ayant point varié, la consommation est restée stationnaire.

De semblables rapprochemens, qu'on pourrait multiplier à
l'infini, prouvent surabondamment que le seul moyen d'élever
la consommation du sucre consiste dans l'abaissement du tarif
exorbitant qui en gêne l'importation.

Nous avons déja vu que la consommation moyenne de cette
denrée ne s'élève en France qu'à environ 2 kilog. par individu.
Sans prétendre que de long-tems la consommation des Anglais
(7 kil.) puisse être atteinte, il semble cependant que puisqu'à
Paris chaque individu consomme en moyenne 5 kil., on pourrait
arriver à doubler dans un tems très-court la consommation de
toute la France, c'est-à-dire à la porter à 4 kil. par personne et
par an.

Un semblable résultat serait infailliblement obtenu au moyen
de l'abaissement du tarif et à l'aide du développement de la prospérité générale ; or, lorsqu'on récapitule le nombre des industries que le commerce du sucre alimente , soit par la construction
des navires, soit par l'exportation des produits contre lesquels on
l'échange , soit par le raffinage, soit par la vente et le transport
à l'intérieur, etc. , qui peut douter de l'heureuse influence d'une
meilleure appréciation des droits de douanes?

Il y a en France cent soixante à cent quatre-vingts raffineries ;
seize à dix-sept mille ouvriers sont occupés aux travaux qui se
rattachent à cette seule industrie; le mouvement commercial intérieur et extérieur de cette fabrication s'élève de 5 à 6 cent
millions de francs : nous avons déjà dit que près de neuf cents
navires avaient été employés au transport du sucre brut, qui
fournit la matière première de cette industrie : si donc la consommation, en France, s'élevait de 2 à 4 kilogrammes par tête, cet
énorme mouvement commercial et industriel se trouverait doublé , et par suite, l'exportation des produits manufacturés de tout

genre, que la France expédie en retour des sucres, devrait éprouver un accroissement correspondant.

C'est cependant dans de semblables circonstances que la commission a proposé une augmentation de droits; elle l'a proposé au mépris des doléances du commerce, qui, depuis long-tems, en réclame l'abaissement : au mépris de l'état de détresse dans lequel toutes les industries se trouvent plongées; au mépris de l'expérience de tous les tems, qui prouve invinciblement que le moyen d'accroître le produit des taxes consiste bien mieux dans l'abaissement des tarifs que dans leur accroissement (1).

Loin d'augmenter le droit, la chambre devrait donc, au contraire, le réduire dans une forte proportion : il n'est point

---

(1) En Angleterre, en 1745, la taxe sur le thé fut réduite de 4 à 1 shelling, et loin de décroître, cet impôt produisit 2,444,000 francs de plus qu'avant la réduction.

En 1784, on réduisit encore le droit, et la consommation doubla aussitôt ; en trois ans elle était triplée.

En 1787, Pitt réduisit de 50 pour 100 le droit sur les vins, et le produit de la taxe, ainsi réduite, fut de beaucoup supérieur à celui de l'ancienne.

De 1805 à 1808, toujours en Angleterre, on éleva d'un tiers le droit sur le café; le produit baissa ; on fit alors l'opération contraire ; le droit fut réduit de 2 fr. 71 c. à 75 c. seulement ; la consommation quadrupla, et, dès les trois premières années qui suivirent le dégrèvement, le montant de l'impôt surpassa de 725,000 fr. le produit des années de surtaxe. (Voir *Revue britannique*, juillet et août 1825.)

Le droit sur les sucres a produit en Angleterre, en 1830, 6,063,321 liv. sterl., soit.............................. 152,793,689 fr.

Le même impôt n'a produit en France (primes déduites) dans la même année que............................. 22,645,308

Le droit anglais est égal au nôtre; mais le sucre des colonies anglaises coûte beaucoup moins que celui de nos colonies.

Les droits de douanes produisent en France............ 103,000,000 fr.

Il faut en déduire les primes d'exportation qui se sont élevées, en 1830, à................................. 14,427,425

Reste............ 88,572,575 fr.

Le seul droit sur les sucres, en Angleterre, produit donc à peu près le double de *la totalité des droits de douanes* en France.

permis de douter que si, au lieu de 49 fr. 50 c., il était porté à 50 fr., décime compris, la consommation s'accroîtrait dans une telle proportion, que les revenus de l'état n'éprouveraient pas la plus légère atteinte (1).

On ne saurait opposer, à cette modification des tarifs, les réclamations des fabricans de sucre indigène ; on sait qu'au moyen des progrès que cette fabrication a faits, ils pourraient, indépendamment de cette réduction, réaliser des bénéfices suffisans.

Les fabriques de Valenciennes, d'Arras, de Douai, etc., produisent le sucre brut (bonne 4ᵉ), au prix de 80 fr., et même 70 fr. (7 à 8 sous la livre) ; ceux qui se sont le plus occupés de cette fabrication prétendent, qu'à l'aide des nouveaux perfectionnemens qu'il est possible actuellement d'introduire, le sucre peut être produit à 50 fr. les 100 kil. (5 sous la livre). Ces qualités se vendent aujourd'hui 125 fr. les 100 kil. au Havre, à Bordeaux et à Nantes ; la réduction du droit les porterait à 105 fr. 50 c. : il y aurait donc encore, pour le fabricant de sucre de betteraves un bénéfice très-raisonnable, même dans l'hypothèse de 80 fr., qui est la plus défavorable.

Comme corollaire de l'augmentation des droits sur le sucre colonial, la commission n'a trouvé d'autre expédient que celui de soumettre à une taxe le sucre de betteraves : ainsi, pour mettre en pratique ses vues financieres, il faudrait établir une petite ligne de douanes autour de chaque fabrique.... C'est là ce qu'on peut appeler le beau idéal de la fiscalité.

La commission a également proposé d'augmenter la prime d'exportation, déjà si onéreuse pour les contribuables ; nous ne craignons point d'affirmer, au contraire, que dans sa forme actuelle,

---

(1) Nous avons déjà fait remarquer qu'en 1820 une baisse de 20 pour 100 sur le prix du sucre raffiné fit doubler la consommation ; 19 fr. 50 c. de réduction sur le droit du sucre brut équivaudraient à une baisse de 15 pour 100 sur le sucre raffiné. Qu'on juge du résultat.

elle doit être entièrement supprimée, et qu'on doit purement et simplement lui substituer une restitution des droits payés à l'entrée sur les sucres de nos colonies ou sur les sucres étrangers.

En rapportant la quittance de la douane ; pour 100 kilog. de sucre brut importé, on aurait la faculté d'en recevoir le remboursement en exportant :

40 kilog. de sucre en pains, dit mélisse.
20 de lumps.
15 de vergeoises.
20 de mélasse.

Ensemble 95 kilog. ; il serait reconnu 5 kilog. pour le déchet inévitable.

D'après ce mode, la prime serait ce qu'elle doit être, une restitution de droit ; l'on n'aurait pas besoin de distinguer les provenances, puisqu'on ne rembourserait que les quittances, et par conséquent rien que le droit, colonial ou étranger, qui aurait été primitivement payé.

Ainsi cesseraient les discussions intéressées de ceux qui, à l'aide de quelques chiffres plus ou moins bien groupés, prétendent que la prime est trop faible ou trop forte (1).

QUESTION DES COTONS.

Une surtaxe de 10 francs par 100 kilog. a été également réclamée sur les cotons ; c'est le même principe, le même aveuglement, la même ignorance du mouvement industriel et des nécessités politiques, qui ont dicté cette mesure.

---

(1) Dans l'*examen du budget de* 1832, que nous avons déjà publié, nous avons proposé la suppression pure et simple des primes d'exportation ; c'était une erreur de notre part ; plusieurs membres de la chambre des députés nous l'ont signalée et nous nous empressons de la reconnaître. Le mode de restitution de droits, que nous proposons aujourd'hui, peut concilier toutes les exigences légitimes ; avec cette modification, les développemens que nous avons donnés dans notre premier travail subsistent dans toute leur force.

Chacun sait l'importance et l'immense développement que la fabrication du coton a pris en France; chacun sait les nombreuses contrées que le travail de ce produit alimente; les fabriques de l'Alsace, de la Normandie peuvent en témoigner éloquemment, et si l'on veut spécialement interroger les villes de Mulhouse, Colmar, Tann, Sainte-Marie-aux-Mines, Tarrare, Rouen, Chollet, Lille, Saint-Quentin, pour leurs calicots; Nismes, Roubaix, Limoges, pour leurs étoffes mélangées; Troyes, pour sa bonneterie, etc.; elles diront à M. Humann combien de familles vivent sur la seule fabrication du coton; qu'on interroge encore les villes du Havre, Bordeaux, Marseille et Nantes, et elles diront aussi quelle est l'importance de cette denrée dans nos échanges avec les États-Unis, le Brésil, l'Égypte. Après cela, soutenez encore que c'est pour protéger l'industrie nationale que cette aggravation de droit a été conçue !

Indépendamment de ce que cette mesure pourrait avoir de fâcheux pour le travail des nombreuses fabriques que le coton alimente, il ne faut point perdre de vue que les étoffes de coton sont le principal vêtement du pauvre, et que, par conséquent, la surtaxe porterait principalement sur les classes inférieures (1).

Mais puisque nos financiers et nos hommes politiques viennent à tout propos parler de l'Angleterre (ce qu'ils font pour la plupart sans discernement, surtout lorsqu'ils préconisent les institutions qui dans ce pays tombent de vétusté), qu'il nous soit permis d'en parler aussi, mais en nous plaçant sur un terrain moins vague; c'est en nous basant sur des faits, que nous pourrons signaler à l'attention des législateurs les ressources créatrices et les richesses immenses que l'industrie peut développer.

---

(1) On fabrique à Rouen des étoffes de coton qu'on peut livrer à 7 sous l'aune, et sur lesquelles le prix de la matière première est très-important; tandis que pour les belles qualités qui valent à Mulhouse 35 à 40 sous l'aune, c'est la façon et non la valeur du coton qui en fait le prix.

L'importation des cotons en laine s'élevait en Angleterre :

En 1781 à   5,198,778 livres.
    1791 à   28,706,675
    1801 à   56,004,305
    1811 à   91,576,535
    1821 à 126,420,000
    1830 à 242,000,000

Ainsi une industrie , à peine existante il y a cinquante ans , a pu se développer depuis cette époque avec une rapidité qui semble tenir du prodige (dans le rapport de 4,650 pour 100). On ne trouvera point notre expression trop forte, lorsqu'on songera que, dans le court espace de neuf années (de 1821 à 1830,) la fabrication du coton a à peu près doublé ; lorsqu'on songera également que cette fabrication a été, en 1830, presqu'aussi forte pour *chaque semaine*, qu'elle n'était en 1781 pour *une année entière*. (En 1781,—5,198,778 liv. dans l'année ; en 1830,—4,768,000 dans chaque semaine).

Mais ces résultats donnent cependant encore une très-faible idée des avantages que nos voisins ont pu retirer de cet immense accroissement de travail ; voici le mouvement de cette fabrication, calculé sur une quantité de 200 millions de coton brut. (On a déjà vu qu'en 1830 il y avait eu un accroissement d'un cinquième sur cette base.)

(Voyez le Tableau ci-contre.)

FABRICATION DU COTON EN ANGLETERRE.

	Livres sterling(1).	Francs.
Matière première.	6,000,000 —	151,200,000
Salaires de huit cent trente-trois mille tisserands, fileurs, blanchisseurs, etc., à 24 l. sterl. par an (602 fr. 80 cent.).	20,000,000 —	504,000,000
Traitemens et salaires de cent-onze mille ingénieurs, mécaniciens, forgerons, maçons, etc. à 50 liv. sterl. par an (756 fr.) (2).	3,333,000 —	83,991,600
Profits des manufacturiers, des surveillans, achat de charbons, etc.	6,667,000 —	168,008,400
TOTAL.	36,000,000 l. s.	907,200,000 f.

Ainsi 200 millions de livres de coton brut représentent annuellement un mouvement de fabrication de 907 millions de francs.

Si l'on en retranche le coût de la matière première, on voit qu'indépendamment du bénéfice de la navigation et des retours commerciaux, les profits de cette fabrication, *les richesses qu'elle a créées* s'élèvent à 756 millions par an.

Le capital nécessaire pour le roulement de cette seule fabrication est de 56 millions de livres sterling, soit *un milliard quatre cent onze millions de francs* (3).

Le nombre total des ouvriers qui vivent du produit de ce travail et des diverses industries qui s'y rattachent, s'élève de

---

(1) La livre sterling est calculée à 25 fr. 20 c. C'est sa valeur intrinsèque. (Voir Annuaire des longitudes, f° 66).

(2) Le salaire se trouve ici plus élevé qu'à l'article précédent, par la raison que dans les filatures on occupe des enfans.

(3) Tous ces chiffres sont empruntés au *Dictionary of commerce and colonial Navigation*, ouvrage du plus haut intérêt, entièrement basé sur des documens officiels; il n'est pas encore terminé.

1,200,000 à 1,400,000, soit le onzième de la population d'Angleterre et d'Écosse.

Si des machines n'étaient point employées dans ces manufactures, il faudrait 42 millions d'ouvriers pour fabriquer les mêmes produits.

Ces résultats sont obtenus par une mise en œuvre de 200 millions de livres de matières premières ; nous avons besoin de rappeler ici que déjà en 1830 on en avait employé 240 millions de livres (1).

Le génie industriel opérait ces merveilles d'une civilisation avancée, alors que l'aristocratie anglaise dilapidait vainement des milliards pour comprimer la révolution française, alors que la dette publique s'accroissait dans une proportion telle que Napoléon, qui n'avait pas senti toute la puissance de la production, annonçait chaque année la banqueroute de l'Angleterre !

Ainsi dans la même période où le service annuel des rentes s'était élevé chez nos voisins à *cinq ou six cent millions* par année, la fabrication du coton, surmontant seule les obstacles qu'un pouvoir ignorant et cupide cherchait à lui imposer (2), réparait

---

(1) Les hommes qui se sont peu ou point occupés d'industrie, ceux qui s'imaginent encore que le luxe des riches est le principal aliment du commerce, ne peuvent se former une idée exacte de l'accroissement de travail et de richesses qui résulte d'une légère amélioration dans l'aisance générale.

(2) Chacun sait la ridicule protection que l'aristocratie anglaise accordait à la production des laines ; l'éducation des bestiaux étant une branche importante du revenu des propriétaires du sol, cette industrie était favorisée, à l'exclusion de presque toutes les autres ; pour bien constater cette prédilection, le président de la chambre des lords s'asseoit bizarrement encore sur un sac de laine. Par suite de ce préjugé, des droits énormes ont long-tems frappé la fabrication des étoffes de coton ; on avait même été plus loin, il avait été, par une loi, défendu de porter des vêtemens de coton sans mélange de laine ; les infractions étaient punies d'une forte amende. Ce fait, à peu près ignoré en France, étonnera sans doute ; nous ne parlons cependant point ici d'une époque très-reculée, car il y a trois ans à peine que cette loi a été abrogée.... C'est dans de semblables circonstances que la fabrication du coton n'a cessé de s'accroître, et que celle des laines a relative-

à petit bruit ces lacunes, soldait les frais de ce long duel de la féodalité contre la démocratie, et dotait *chaque année* les trois royaumes d'une richesse d'un *milliard* de produits nouveaux !

Malgré ces progrès prodigieux la condition du travailleur anglais ne s'est presque point améliorée. Si en Angleterre l'ouvrier est un peu mieux nourri et logé qu'en France (ainsi que le constate la différence qui existe entre les ravages du choléra à Londres et à Paris), il a une moins grande conscience de sa dignité, il est moins moral. Pour s'expliquer comment il se fait que la prospérité de l'industrie anglaise ait si peu profité aux travailleurs, il faut songer aux scandaleux priviléges de l'aristocratie, à la taxe des pauvres, à l'assiette des impôts, à la législation des céréales.

En France, pendant l'année 1850, il a été acquitté les droits sur 29,260,433 kilogrammes de coton, ce qui représente 64,500,000 livres anglaises; c'est à peu près le *quart* de la quantité acquittée en Angleterre dans la même année. Pour la fabrication du coton, la France est cependant placée dans les mêmes circonstances que l'Angleterre; dans les deux pays les droits d'entrée sont égaux; dans l'un comme dans l'autre, la matière première est un produit exotique, et même chez nous la main d'œuvre est moins élevée. Pour avoir la raison d'une semblable anomalie, il faut remonter au monopole institué au profit des propriétaires de forêts, qui, enchérissant le prix des bois et des fers, augmente les frais de navigation (1), de construction

---

ment été en décadence. C'est ainsi que les aristocrates croient savoir protéger le travail. La mesure dont nous venons de parler paraît étrange, et cependant, au point de vue de la véritable science économique, elle est bien moins choquante et bien moins pernicieuse dans ses effets généraux, que la loi des céréales dernièrement votée par la chambre des députés, sous le patronage de MM. Ch. Dupin, de Saint-Cricq et Laurence! (Voir note f° 63.)

(1) En 1793 il y avait en France 104,752 marins inscrits sur les contrôles, en 1831 ce nombre était réduit à 89,258. (Voir le rapport de M. Beslay père, sur la pêche de la morue.) Et cependant 3 à 4 millions sont votés pour l'encouragement de la pêche de la morue, sous prétexte de former des marins.

Une protection aussi exagérée produit des résultats curieux : nous employons

d'usines, de fabrication de machines, etc. ; il faut interroger en outre, en Angleterre, ces nombreuses banques de crédit, sources fécondantes du travail, qui font incessamment circuler les capitaux dans les mains des hommes laborieux; puis il faut voir chez nous l'industriel abandonné à la protection irrégulière, capricieuse et chicanière de quelques timides capitalistes de chefs-lieux, forcé de suivre obstinément une routine ruineuse, de répudier tous les perfectionnemens, et de régler toujours le développement qu'il doit donner à ses travaux sur la parcimonie de ses bailleurs de fonds ; il faut encore interroger nos lois de douanes, qui grèvent de droits énormes l'introduction des machines, ces élémens puissans de la prospérité industrielle....... (1); et si l'on trouve, après un semblable rapprochement, que le travail en France est trop encouragé, qu'on souscrive encore à l'aggravation de droits sur les cotons que la commission du budget a réclamée!

Les droits sur les cotons produisent actuellement six millions chaque année; si, au lieu de la surtaxe réclamée, on supprimait entièrement ce droit, on rendrait un immense service à cette industrie, et le trésor public, privé en apparence de la chétive ressource de ces six millions, retrouverait dans un tems très-court, par l'accroissement de prospérité qui en résulterait, un prompt dédommagement à ce sacrifice momentané.

à cette pêche 8,174 marins, et l'Angleterre, *qui n'accorde point de primes*, obtient *deux fois plus de produits* avec un nombre de marins qui *s'élève à peine au tiers* de ceux que nous employons ; il est bon d'ajouter en outre que dans nos colonies, où les morues anglaises se trouvent en concurrence avec les nôtres, le prix moyen des morues anglaises est de 47 fr. 55 cent., tandis que le prix moyen des nôtres n'est que de 26 fr. 95 c. (ce chiffre est produit au nom de la commission de la chambre des députés). Sur de semblables résultats, on ne saurait trop exalter les monopoles, les primes et les protections commerciales !

(1) **Les machines à vapeur** sont assujéties à un droit égal à 50 pour 100 de leur valeur ; le droit sur les autres machines est de 15 pour 100.

SELS.

Puisque nous venons, relativement à la fabrication du coton, de puiser des leçons en Angleterre, notre devancière dans cette riche industrie, restons encore quelques instans au-delà du détroit, et cherchons-y quelques enseignemens touchant la question des sels.

En 1820 le sel était encore assujéti, en Angleterre, à des droits assez élevés. (L'Irlande et l'Ecosse étaient régies à cet égard par une législation différente.)

En Angleterre, une population de 12 millions d'habitans consommait à cette époque 112 millions de livres de sel (4, 23 kil. par individu), qui acquittaient un impôt de 13 à 14 cent mille livres sterling, soit en moyenne 34 millions de francs; cet impôt était, relativement à celui qu'on acquitte aujourd'hui en France, plus élevé d'environ 50 pour cent. Il a été depuis *entièrement supprimé; il n'y a plus d'impôts sur le sel* en Angleterre, en Ecosse, ni en Irlande.

En supprimant cette capitation, l'aristocratie anglaise a fait en faveur des classes laborieuses un sacrifice que, selon toute apparence, on n'obtiendra point de long-tems encore des hommes qui, membres de l'opposition sous l'ancienne dynastie, prenaient pour thème de toutes leurs harangues la nécessité de supprimer cet impôt vexatoire.

Depuis que les taxes sur le sel ont été abolies, la consommation s'en est élevée en 1831, pour les trois royaumes, à 336 millions de livres; sur 22 millions d'habitans cela représente 7 kilog. par tête. On a vu que lorsque les droits existaient dans ce pays, la consommation moyenne ne s'élevait qu'à 4.23 kilog. par individu; l'accroissement a donc été de plus de 60 pour cent (1).

---

(1) Il est probable que l'accroissement est beaucoup plus considérable; lorsqu'une denrée d'une aussi faible valeur est franche de tout droit, il est difficile de

Dans cet accroissement, il est juste de comprendre les quantités qui ont été employées à l'engrais des terres ; néanmoins, et bien que ce soit un argument contraire au système que nous soutenons, il faut reconnaître que, comme engrais, le sel a été d'un faible secours pour l'agriculture anglaise, et qu'il n'a point répondu en cela à l'attente des agronomes. Cela dépend du reste de la qualité des terres. Nous ignorons si à cet égard l'expérience de l'Angleterre peut être appliquée à l'agriculture française.

Suivant le *Rapport sur l'administration des finances* de M. de Chabrol, la consommation du sel en France, qui était en 1817 de 6.05 kilog. par individu, se serait élevée en 1828 à 7.04 kil. Ce calcul est inexact, et un semblable résultat justifie les reproches qu'on peut adresser à ceux qui groupent des chiffres. Voici comment l'administration a établi ses calculs : « La statistique » de la France en 1819, dit le rédacteur officiel (1), portait la » population du royaume à 29,034,000 ames ; en 1822, elle » était de 30,465,291 ames, et en 1828, de 31,857,961 ames. » *Le terme moyen de la population est par conséquent de* » 30,450,578 *ames pour la période de* 13 *années* (1817 à » 1828). » On a donc pris ce nombre pour *diviseur commun* de l'ensemble de la consommation de chaque année, et l'on est arrivé aux résultats que nous avons signalés.

Or il est évident qu'une semblable moyenne devait considérablement s'éloigner de la *réalité*, en augmentant la population des premières années et en diminuant celle des dernières de la période. C'est ce qui explique la différence de la consommation apparente ; car la consommation de 1817, se trouvant répartie sur une population plus forte qu'elle n'était réellement, devait donner par tête une consommation moyenne moins élevée, et le contraire devait arriver pour l'année 1828. Nous allons établir

constater exactement les quantités introduites ; il n'y a dans ce cas qu'un intérêt de statistique qui puisse engager à le faire.

(1) *Rapport de l'administration des finances*, état n° 21 , folio 44. C'est du reste un travail fort remarquable.

ce calcul comme il devrait l'avoir été, afin de mieux faire saisir notre raisonnement ; nous mettrons en regard le résultat du rapport :

	Consommation annuelle.	Population.	Consommation moyenne par tête.	Consommation moyenne par tête selon le rapport.
1819. —	190,694,000 kil.	29,034,000	6. 57 kil.	6. 26 kil.
1822. —	207,232,600	30,465,291	6. 80	6. 80
1827. —	214,421,000	31,857,961	6. 73	7. 04

Il n'y a d'exact dans le tableau de l'administration que le chiffre de 1822, parce que cette année était le terme moyen de la période. C'est cependant une semblable erreur, qui paraît insignifiante de prime abord, mais qui cependant établissait dans l'espace de treize années un accroissement de *seize et demi pour cent* dans la consommation, qui faisait dire à Charles X, par son ministre : « Jamais l'aisance générale ne s'est mieux manifestée » que par cet indice particulier de la consommation habituelle » du peuple (1) ! »

En somme, la consommation moyenne est, en France, pour les treize années de 1817 à 1828, de 6. 70 kil. par tête ; ce chiffre varie très-peu. Ce résultat prouve que le sel est d'une plus grande importance en France qu'en Angleterre.

Nous croyons inutile de reproduire ici tous les argumens qui ont servi à prouver les vices de cet impôt. Nous pourrions en trouver de très-concluans dans les discours prononcés à une autre époque par la plupart des membres de la majorité ministérielle de 1832.

Nous nous bornerons à citer un passage du rapport de M. Humann, dans lequel se trouve résumée l'opinion des membres qui, dans la commission, ont voté le maintien de l'impôt.

« *La justice*, telle que vous l'invoquez, n'est qu'une *théorie*

---

(1) *Rapport de l'administration des finances,* folio 86.

» *inapplicable en matière d'impôt ;* pour la pratiquer *logique-*
» *ment*, il faudrait exempter de toute contribution, *non-seule-*
» *ment les individus en état habituel d'indigence*, mais *quiconque*
» se trouverait *mal à l'aise ;* ainsi *l'artisan privé momentané-*
» *ment de travail, le cultivateur perdant ses récoltes par l'in-*
» *tempérie des saisons, l'industriel ayant éprouvé des revers,*
» et jusqu'au prodigue qui aurait dissipé sa fortune. Mais à ces
» *conditions, il n'y a pas d'impôt possible* (1). Et quand vous
» aurez réduit ou même supprimé les taxes, vous n'aurez point
» satisfait à la rigueur de vos principes ; elle vous impose *le*
» *partage égal du bien-être et des misères de la vie ;* c'est-à-dire
» la tentative de réformer les lois de la Providence. On n'a pas
» le droit, dites-vous, d'imposer les choses nécessaires à la vie?
» Pourquoi donc demande-t-on à la terre qui nous nourrit tous,
» pauvres et riches, la plus forte part des charges de l'État?
» Pourquoi le logement, les vêtemens, non moins nécessaires à
» l'homme que l'usage du sel, sont-ils soumis à des contribu-
» tions diverses? Si ces impôts sont légitimes, vous êtes mal
» fondés à soutenir que la taxe du sel blesse la justice. »

Nos observations sur un semblable raisonnement seront courtes. Sans nous arrêter à signaler la sècheresse d'une pareille logique, nous dirons: Oui, pour que les *conditions* de l'impôt soient remplies, celui-là qui est *privé momentanément de travail,* qui a *perdu ses récoltes par l'intempérie des saisons,* qui a *éprouvé des revers commerciaux,* en un mot, *quiconque est mal à l'aise* doit être dégrevé; car l'impôt, pour être bien assis, ne doit porter que sur ceux qui peuvent l'acquitter, sans réduire leur nécessaire; l'état devant viser non point à *égaliser* brutalement *le bien-être,* mais à soulager *les misères de la vie ;* le contraire ne saurait être dans *les lois de la Providence.*

Du reste comparer l'impôt du sel à celui des terres, c'est com-

---

(1) Si une semblable conclusion était exacte, la France serait bien à plaindre.

mettre une grave erreur. L'impôt des terres *est proportionnel au revenu*, qui n'est point le fruit d'un travail personnel ; il frappe donc le contribuable en *raison directe* des produits obtenus ; tandis que l'impôt du sel, grevant plus particulièrement le pauvre, est dès lors en *raison inverse* des facultés contributives.

M. Humann dit plus loin : « *Les individus notoirement indi-* » *gens sont exemptés*, il est vrai, de la contribution person- » nelle; pourquoi? parce que cela est praticable pour un impôt » direct; *il en est tout autrement pour les taxes de consom-* » *mation*....... ». Si nous avions été chargé de donner une bonne raison à l'appui de la suppression de ces taxes , nous n'en aurions pu trouver une meilleure que celle-là. On sait cependant que M. Humann a proposé le maintien de l'impôt du sel.

BOISSONS.

On reconnaît généralement que la liberté du commerce est en *théorie* une bonne chose, mais chacun recule épouvanté devant l'application de ce principe. On craint les perturbations qu'une semblable mesure pourrait occasioner dans l'état actuel de l'industrie. A certains égards cette crainte est fondée; et, bien que nous pensions, ainsi que nous l'avons déjà dit, que c'est vers la liberté absolue que converge le commerce de chaque peuple, nous reconnaissons qu'une semblable limite ne peut être atteinte que successivement. Toutefois, nous avons reclamé la suppression immédiate des tarifs qui grèvent *les matières premières* que notre sol ne peut produire et la réduction des droits qui frappent celles qui sont produites en France. Ces deux améliorations sont tellement essentielles pour le développement du travail, elles sont tellement conformes aux plus simples notions du sens commun, qu'il n'est point permis de douter de leur prochaine réalisation.

Si l'on veut se donner la peine d'envisager sous cet aspect l'impôt des boissons, comment pourra-t-on en proposer le maintien? Telles sont cependant les conclusions de la commission.

M. Humann va plus loin encore, il regrette le dégrèvement de 40 millions qui a été opéré sur cet impôt il y a 18 mois. M. Humann est en cela conséquent avec son système ; car si l'impôt *est équitablement réparti, s'il ne réduit point la consommation , s'il ne nuit point au travail*, en un mot s'il est destiné à figurer à tout jamais dans les ressources du fisc, ce dégrèvement est un sacrifice bénévole, qui a effectivement peu profité aux contribuables, et qui a augmenté les frais de perception de cette branche du revenu public dans une proportion écrasante et ruineuse (1). Mais la question, réduite à ces termes, est d'une solution facile ; car nous pourrons en peu de mots prouver que l'impôt des boissons ne remplit aucune de ces conditions :

Il n'est point équitablement réparti, puisqu'il n'a point égard aux qualités, et que le vin du pauvre est soumis aux *mêmes droits* que celui du riche ; tandis que le contraire serait de la plus rigoureuse justice.

Il réduit la consommation ; car, dans les villes, il double le prix des vins qui, par leur faible valeur, sont à la portée des classes laborieuses, c'est-à-dire de l'immense majorité des consommateurs.

Il nuit au travail ; car, s'il réduit *la consommation*, il diminue également *la production,* et par cela même il prive la nation de richesses qui auraient été réalisées si la consommation eût été libre.

L'impôt des boissons ne peut donc être long-tems maintenu, 1° par les causes fondamentales que nous venons de signaler ; 2° parce qu'il est le plus impopulaire de tous les impôts, et qu'un pouvoir quelconque ne peut, sans danger pour sa propre exis-

---

(1) On a vu plus haut que cet impôt produisait brut. . . 69,800,000 fr.
et que les frais de perception s'élevaient à. 17,800,000

                         Produit net. . . 52,000,000

17,800,000 de dépense pour un produit *net* de 52 millions représentent 34,25 pour 100. — Les frais de l'administration centrale ne sont point compris dans cette évaluation.

tence et pour la paix intérieure (paix qui n'est pas moins importante que celle qui s'obtient ou ne s'obtient pas avec des protocoles), braver l'opinion publique, alors surtout que l'opinion
publique a raison et que par conséquent le pouvoir a tort.

Si donc les droits des boissons doivent finir par succomber,
soit par les efforts des économistes et des philantropes, soit sous
le poids de la réprobation populaire, pourquoi ne point se hâter
de réaliser ce bienfait ?

Le système prohibitif qui a été fortifié par la législation de
1822, a provoqué contre nous des représailles dans tous les états
européens, et nos vins ont été repoussés des marchés qu'ils approvisionnaient depuis quelques siècles (1). Les producteurs de vins,
privés de débouchés à l'extérieur, privés également de débouchés
suffisans à l'intérieur, ont été obligés de réduire l'extension de
leurs exploitations (2).

M. Ch. Dupin, depuis qu'il s'est converti au ministérialisme,
et que par conséquent il s'est fait l'avocat de l'impôt des boissons qu'il attaquait jadis si vivement, parle souvent de l'énorme
accroissement que la culture de la vigne a éprouvé depuis la révolution française; nous voyons effectivement dans *le Rapport
sur les finances* de M. de Chabrol (3), sur les résultats duquel il

______

(1) **Quelques siècles**, le mot est ambitieux ; il est bon qu'on sache cependant
que de 1686 à 1695 l'importation des vins français en Angleterre s'élevait à
18,000 tonneaux par année moyenne, tandis que 150 après, péndant les neuf
années qui finissent en 1825, l'importation du vin ne s'est élevée moyennement
qu'à 1,364 tonneaux. (Voir *Discussion de la chambre des communes*, 15 juin
1830.)

(2) De 1827 à 1829 on a arraché 19,772 hectares de vignes, qui pouvaient produire 400,000 hectolitres de vin, soit à peu près la moitié de la totalité des exportations de la France ; il est vrai de dire que dans la même période on en a
planté dans d'autres localités 21,401 hectares ; néanmoins, lorsqu'on considère
le tems qui s'écoule jusqu'au moment où une vigne plantée est en état de donner
des fruits, ce résultat sera très-affligeant ; il est même honteux pour la civilisation moderne.

(3) Page 46.

fonde, que le nombre d'hectares plantés en vignes s'élevait en France,

$$\begin{array}{ll}\text{En 1788, à} & \text{1,555,475 hectares.} \\ \text{En 1829, à} & \text{1,993,307 »} \\ \hline \text{Excédant pour quarante-un ans} & \text{437,832 hectares.}\end{array}$$

Mais il ne parle point de l'accroissement à peu près correspondant qui s'est opéré sur le chiffre de la population.

En 1782, Necker (1) portait la population de la France à 24,800,000 habitans ; l'assemblée constituante l'a évaluée à 26,364,074. Elle devait conséquemment s'élever en 1788 à 26,000,000.

La population s'est accrue depuis cette époque de 6 millions d'individus, le nombre d'hectares devait donc s'accroître de 360,000. Il y en a en réalité 478,532. Le léger accroissement qui en résulte est loin d'être en rapport avec les progrès qui se sont opérés depuis quarante ans dans l'aisance générale.

On se préoccupe assez généralement du commerce extérieur, on soupire après des traités commerciaux, on s'indigne lorsque des souverains étrangers prohibent nos produits ; certes il serait préférable que nous pussions librement emporter sur tous les points du globe nos vins, nos soies, nos étoffes peintes, notre ébénisterie, nos articles de goût, etc., etc. Mais pourquoi fixer ainsi toujours les yeux sur les lignes de douanes de nos voisins, et ne point considérer que nous établissons volontairement, au cœur même de la France, de nombreuses lignes de douanes, autrement funestes, autrement ruineuses pour les travailleurs et pour l'état ? nous rions des inquisiteurs et des petits fiefs fortifiés dont au moyen âge l'Europe était couverte ; cette époque est à nos yeux une époque de barbarie ; mais que dire de la France industrielle de 1832, subdivisée en quatre à cinq mille princi-

---

(1) *Administration des finances*, t. I, chap. 9.

pautés grandes ou petites, toutes enceintes de barrières fiscales, ayant chacune ses surveillans inquiets, ses contrôleurs incommodes?

En bonne conscience les préposés des octrois des villes, et les agens des droits réunis ne sont-ils point une insulte à notre civilisation? On réclame la liberté du commerce extérieur, mais qu'on commence à établir cette liberté dans nos propres foyers, aux portes de nos villes. Les douanes de nos frontières peuvent bien encore protéger certaines industries, certains travaux ; mais les douanes intérieures n'ont même point un semblable prétexte à alléguer, car elles ne semblent au contraire être instituées que pour entraver la production, que pour protéger et entretenir la misère des travailleurs.

L'entière suppression de l'impôt des boissons, combinée immédiatement avec la réduction de cinquante pour cent sur tous les droits d'octroi (1), serait de nature à produire (il n'est point permis d'en douter) un grand accroissement dans la consommation générale de vin. Veut-on par hypothèse évaluer cet accroissement seulement à trois bouteilles de vin par *mois* et par *tête*, et supposer le prix moyen du vin à quatre sous la bouteille ? Cette

---

(1) Cet abaissement dans les droits d'octroi ne porterait évidemment aucune atteinte dans les produits réels de l'impôt; car la consommation devrait s'accroître dans les villes dans une proportion beaucoup plus forte que partout ailleurs. Néanmoins ce ne serait qu'un acheminement vers l'abolition des octrois, qui doivent être définitivement remplacés par la contribution mobilière; le contraire se fait actuellement dans Paris, Lyon, Rouen, Bordeaux, Marseille, Nantes, Strasbourg et dix-huit autres villes d'un ordre inférieur ; c'est cependant un abus intolérable, en ce qu'il fournit le moyen de rejeter sur l'ensemble de la population, notamment sur les classes ouvrières, les contributions que les classes aisées devraient seules acquitter.

Le produit général de tous les octrois de France, s'élève net à environ.. 40,000,000

Les boissons ne sont comprises dans cette somme que pour. . 25,000,000

L'octroi de Paris est compris dans ce produit général de 40,000,000, pour. 25,000,000

double supposition est loin d'être exagérée (1). Une telle augmentation dans la consommation produirait cependant un accroissement de richesses pour la nation de *deux cent trente millions* par an ! c'est-à-dire au delà de ce que coûte chaque année à la France, l'intérêt de toutes ses rentes perpétuelles et viagères, de ses cautionnemens et de sa dette flottante, la liste civile, les dotations de la chambre des pairs, de la Légion-d'Honneur etc., etc.

Si à côté de ces résultats on veut parler des exportations à l'étranger, qu'on réfléchisse à ce simple rapprochement.:

Les trois bouteilles de vin par *mois* et par *tête* équivalent à une production de. . . . . 8,750,000 hectolitres.

Tandis que l'exportation des vins, en 1830, ne s'est élevée exactement qu'à la dixième partie de cette quantité, soit chiffre exact (2) . . . . 874,650 hectolitres.

---

(1) Il y a tout lieu de croire que cette évaluation est au contraire au-dessous de la réalité ; car si sur les lieux de production il est des qualités inférieures qui ne coûtent que 2 à 3 sous la bouteille (les mêmes qualités valent aujourd'hui à Paris 10 et 12 sous), il faut considérer que ce prix de 4 sous que nous portons, est un prix moyen pour toutes les qualités, et qu'il s'augmente de tous les frais de tonnellerie, de transport, commission, etc. (Le prix moyen de tous les vins, en cercle ou en bouteille, exportés en 1830, suivant les déclarations officielles, est de 40 centimes par bouteille, et l'on sait que les déclarations de valeur sont plutôt réduites que forcées.)

(2) L'exportation moyenne des années 1787, 1788 et 1789, est par année de. . . . . 975,889 hect.

Celle des treize années comprises entre 1815 et 1829 inclusivement, est par année de. 1,089,162

Il y a pour la deuxième période un chétif accroissement de. 113,273 hect.

Si l'on veut considérer, d'un côté, que 1788 et 1789 étaient pour la France des années de grande agitation politique, et, d'un autre côté, qu'en 1815 la navigation venait d'être rendue libre (l'exportation de cette année s'est élevée à 1,345,243 hectolitres, tandis qu'en 1827 elle n'a été que de 647,874 hectolitres), on sera forcé de reconnaître, malgré le prestige apparent des moyennes offi-

D'après les déclarations de valeur, ces 874 mille hectolitres exportés représentent une somme de 46,713,199 fr. (1).

Si, malgré toutes les réclamations, on veut absolument grever les boissons d'un impôt; au lieu de maintenir les formes inquisitoriales et vexatoires des taxes actuelles, on pourrait leur substituer *un impôt direct supplémentaire* qui frapperait les débitans, marchands en gros, brasseurs et distillateurs ; leur nombre s'élève, selon M. Humann, à deux cent soixante-quinze mille ; la taxe fixe qui pourrait leur être réclamée varierait entre 50 et 150 fr. par an, soit 100 fr. en moyenne (2). Cet impôt produirait donc 27,500,000 fr., cette somme représente pour l'État un peu plus de la moitié du produit net de l'impôt, tel qu'il est aujourd'hui, et le dégrèvement pour les contribuables serait de plus des trois cinquièmes de l'impôt, soit 42,500,000 fr. ; l'éco-

---

cielles, que tandis que la population et l'aisance de l'Europe se sont accrues dans une énorme proportion, tandis que le commerce de tous les peuples s'est extraordinairement développé, notre commerce de vin, l'un des plus importans de la France, a fortement décru.

(1) Si les 8,750,000 hectolitres que nous avons supposé devoir être le produit de l'accroissement de la consommation intérieure, étaient évalués au prix des exportations de 1830 ; l'augmentation de richesse représentative qni en serait le résultat s'élèverait à 467 millions de francs par an. Cette supposition n'est pas absolument impossible ; car, par suite de la suppression des droits, la classe moyenne et la classe aisée arriveraient à consommer des qualités de vin supérieures à celles qu'elles consomment aujourd'hui.

(2) Le droit de détail actuellement perçu pourrait servir de base à la graduation de la taxe ; ce travail de répartition a, du reste, été fait en 1830 dans les villes du Midi, où la perception a été forcément interrompue ; c'est par des moyennes basées sur les recettes des années antérieures que la régie a pu recouvrer les sommes dont la révolte avait suspendu le paiement. Cette nouvelle taxe directe pourrait être pendant trois années portée à 200 francs pour les débitans et à 300 francs pour les marchands en gros qui s'établiraient en suite de cette mesure ; les employés salariés de la régie des contributions indirectes qui voudraient exercer l'une ou l'autre de ces professions, seraient exceptionnellement exemptés pendant ces trois années de la taxe supplémentaire ; cette faveur servirait de retraite à ceux qui en voudraient profiter. (Voir note du fo 69.)

nomie dans les frais de perception explique cette différence. Le droit fixe aurait cet avantage qu'il ne restreindrait point la consommation, et qu'il serait relativement plus faible au fur et à mesure que le débit augmenterait, et qu'il se répartirait, par conséquent, sur une masse plus considérable de produits vendus.

On pourrait en outre augmenter de quelques centimes additionnels spéciaux les cotes des 2,184,000 propriétaires de vignes, afin d'accroître le revenu public sans blesser l'équité.

Le midi serait ainsi rendu à sa culture naturelle, et ne viendrait point réclamer à la législation une protection draconienne en faveur de sa culture improductive des céréales (1); nous avons déjà signalé le fait déplorable de 19,672 hectares de vignes qui avaient été arrachés en 1828 et 1829; lorsqu'on saura que sur ce nombre 12,000 hectares appartiennent à treize départemens du midi, on s'expliquera comment la législation des céréales doit être le corollaire indispensable du maintien de l'impôt des boissons.

M. Humann, dans sa tendre sollicitude pour cet impôt, s'est écrié dans son rapport, f° 30 : « L'assemblée constituante, au lieu » de réformer le système, de modérer les tarifs et d'adoucir les » formes, céda à l'effervescence de l'époque et abolit en masse » les droits de consommation ; on sait par quels moyens fut com- » blé le déficit ; la constituante fit ressource des biens du clergé ; la » convention battit monnaie sur les échafauds ; le directoire vé- » cut de banqueroutes !.... Que cette fatale expérience ne soit » point perdue pour la génération actuelle ! »

---

(1) Les droits qui frappent l'importation des blés étrangers sont, comme on sait, plus spécialement prohibitifs dans les régions méridionales de la France ; ces droits sont proportionnels au prix du blé ; il en résulte qu'en prenant pour base un prix moyen égal de 17 fr. 99 c. par hectolitre de blé, pour toutes les régions, les droits d'entrée par navires étrangers sont ainsi établis : A Marseille, Toulon, Agde, etc., 15 fr. par hectolitre ; à Bordeaux, Bayonne, etc., 12 fr. par hectol. ; à la Rochelle, Nantes, le Hâvre, Calais, Dunkerque, etc., 9 fr. par hectol.; par les frontières de l'Est (par terre), 4 fr. 75 c. par hectol. Un semblable tarif a été voté le 31 mars 1832 !

Voici bien des maux ! ils auraient été évités sans doute si l'on n'avait point *aboli en masse les impôts de consommation ?*

S'il existait encore dans quarante ans une chambre des députés, et qu'un financier chargé de faire un rapport sur le commerce des blés vînt dire à ses collègues : « En mars 1832, M. d'Ar- » gout, cédant à l'effervescence produite par la cherté démesu- » rée du pain, abolit entièrement la prohibition absolue des blés » étrangers, et malgré les tarifs élevés que la chambre y substitua, » on sait quels en furent les résultats ; dès les premiers jours » d'avril tous les hôpitaux furent encombrés de malades ; une » mortalité effrayante se manifesta dans les classes laborieuses.... » Que cette fatale expérience ne soit point perdue pour la géné- » ration actuelle ! » N'y aurait-il point entre le raisonnement de cet honorable futur député de 1872 et celui de M. Humann en 1832, une grande similitude ?

TABACS.

Cet impôt rentre dans la catégorie de celui des boissons ; il présente cependant de moins graves inconvéniens. Le privilége expire en 1834 ; il faut espérer que s'il est renouvelé, il subira d'utiles modifications ; on ne pourrait guère le supprimer aupa- ravant en raison des marchés de fournitures qui ont pu être con- tractés : il faudra néanmoins que cette question soit résolue dans le cours de la session prochaine, par la raison que, dans l'hypo- thèse de sa suppression, il faut que les contribuables puissent profiter de l'abolition du monopole, et aient pu se mettre en mesure de suppléer à la fabrication de ce produit, laquelle est actuellement effectuée par l'administration. Si l'on pouvait con- cilier la culture libre avec la fabrication administrative du tabac, nous n'aurions point de répugnance à voir maintenir cet impôt, qui produit 42 millions de revenu, et qui ne grève point une substance alimentaire, ni une denrée de première nécessité. Il faut même reconnaître que la fabrication unitaire du tabac offre de grandes économies, que né produiraient point des fabrications isolées et rivales ; la qualité des produits est même plus exactement constatée, et le consommateur moins exposé à des erreurs. Du reste, si le tarif des produits était abaissé, on ferait taire bien des réclamations, et on satisferait à tout ce qu'il est possible aujourd'hui d'accorder.

Lorsque dans notre précédent travail (1) nous avons proposé l'entière suppression de cet impôt, nous n'avons eu en vue que de rendre saillant le parti qu'on pourrait tirer de l'annulation du fonds d'amortissement ; aujourd'hui qu'il s'agit de nous prononcer sur la question spéciale du monopole du tabac, nous devons déclarer que nous sommes convaincus qu'il y a des services plus importans à soulager ou à pourvoir ; et c'est avec franchise que nous remplissons ce devoir. Nous ne disons point : « Périssent les colonies plutôt qu'un principe ; » nous pensons qu'on doit toujours marcher avec le tems, et qu'entre deux maux on doit toujours choisir le moindre.

LOTERIE.

Après avoir reconnu l'immoralité de cet impôt, ses funestes conséquences et l'insignifiance de ses résultats, la commission du budget a proposé de le maintenir jusqu'en 1836 ; nous n'hésitons point à trouver ce délai trop éloigné, et nous croyons au contraire qu'il devient chaque jour plus urgent de mettre fin à cette odieuse exploitation de la crédulité et de la misère du peuple.

Pour mettre en saillie les tristes effets de cette déplorable combinaison fiscale, nous allons résumer ses résultats depuis 1797 (an VI), jusqu'en 1828 inclusivement

---

(1) **Examen du budget de 1832.**

Dans cette période de trente-deux années l'ensemble des mises s'est élevé à . . . . 1,771,896,247 f. 75 c.

Les remboursemens de lots ga-gnans (dans la proportion moyenne de 72.27 p. %.) à . . . . 1,280,267,415 f. 57 c.

Bénéfice fait par l'état. . . 491,628,802 f. 18 c.

Les frais de perception, à raison de 31.27 p. %en moyenne, se sont élevés à 156,392,686 f. 83 c.

Produit net pour trente-deux ans. . 335,236,115 f. 35 c.

Si l'on veut bien considérer en outre que l'État a perdu le travail des individus qu'il a occupés à la perception de ces 335 millions, travail qui peut être évalué à 156 millions, puisque c'est ainsi qu'il a été improductivement rénuméré, on verra que le produit net n'a été en définitive que de 169 millions.

On a vu que la somme qui avait été perçue par la loterie en trente-deux années s'élevait à un milliard *sept cent soixante-onze millions*, soit moyennement *cinquante-cinq millions et demi* par an (1). Si une somme égale avait été employée en achat de rentes cinq pour cent *au pair*, il n'y aurait pas un centime de dette publique en France. Si la même somme de cinquante-cinq millions avait été, depuis 1797, versée chaque année à la caisse d'épargnes, elle aurait produit en 1828 *trois milliards neuf cent millions*.

Pour percevoir l'impôt de la loterie, l'État a sacrifié environ cinq millions par an en traitemens; il a perdu en outre pareille somme dans le travail improductif de ses fonctionnaires. Si ces 5 millions de francs et le travail de ces mêmes fonctionnaires avaient été consacrés à l'éducation du peuple, de ces classes la-

______

(1) On pourra prétendre que l'État a remboursé 40,000,000 par an en lots gagnans ; mais cette restitution a été faite à quelques-uns, tandis que l'ensemble des contribuables a toujours régulièrement payé l'impôt. On sait du reste que le produit des mises se prélève sur le nécessaire de tous les joueurs, tandis que le produit des lots se gaspille d'ordinaire en dépenses extravagantes.

borieuses qui il y a peu de jours se livraient à d'épouvantables
excès, ne seraient-elles point aujourd'hui plus morales et plus
prospères ?

En présence de pareils faits, comment est-il possible qu'on
ne se hâte point de répudier une semblable ressource?

POSTES.

Cet impôt est le produit d'un service public de la plus grande
utilité ; service que les gouvernemens seuls peuvent bien remplir et dont l'administration en France s'acquitte avec zèle et
intelligence. Il resterait à examiner si en abaissant le prix de la
taxe des lettres, on ne donnerait point à l'industrie, au commerce, à la civilisation, un plus grand développement, sans pour
cela nuire au revenu de l'État. Nul ne peut apprécier *à priori* le
résultat d'une semblable amélioration ; nous n'essayerons donc
point de le faire. Nous pensons toutefois que cette expérience
est d'une assez haute importance pour la prospérité publique
pour qu'on puisse en faire la tentative. Il ne faut pas perdre de
vue que les frais de cette administration s'élèvent en France à
52.80 pour 100 ; tandis qu'en Angleterre le même service ne
coûte que 30.50. Une différence aussi sensible s'atténuerait infailliblement, soit qu'on maintînt, soit qu'on abaissât les tarifs,
si une meilleure direction était donnée au commerce et à l'industrie.

RÉSUMÉ.

Après avoir passé en revue toutes les branches du revenu de
l'État, après avoir discuté leur mérite respectif, signalé leurs
vices et indiqué des modifications dans l'ensemble du système
qui régit actuellement nos finances, pense-t-on que nous nous
fassions illusion sur les résultats de la discussion qui va s'ouvrir
sur le budget des recettes? Nous l'avons dit en commençant : la
Chambre des députés a montré jusqu'à ce jour peu de sympathie
pour les innovations, et elle sera obligée de rester conséquente
avec ses principes. Quoi qu'il en soit, si notre travail est utile ,

nous nous féliciterons de l'avoir publié, car il en pourra résulter des germes qui fructifieront dans le cours des prochaines législatures.

La pensée qui a présidé à ce travail est celle-ci :

Pourvoir les services publics de manière à ce que L'IMPÔT ne trouble point la *production*, à ce qu'il atteigne principalement les *revenus* indépendans de tout *travail*, et enfin à ce que son recouvrement s'effectue avec la plus grande économie possible de capitaux et de forces.

Telle a été notre pensée ; voici en résumé l'ensemble des mesures à l'aide desquelles nous voudrions la voir mettre en pratique dans la loi de finances :

Il faudrait ajouter à la contribution foncière les trente centimes additionnels perçus en 1831 ;

Réunir à l'impôt foncier l'impôt des portes et fenêtres, au moyen d'un supplément de centimes additionnels sur les propriétés bâties ;

Réunir en UN SEUL IMPÔT DE QUOTITÉ les contributions personnelle, mobilière et des patentes ; cet impôt ayant pour base le prix des loyers, devrait être *progressif*, et atteindre, sans aucune distinction, les commerçans et les non-commerçans ;

Augmenter les droits d'enregistrement sur les mutations par décès et les donations entre-vifs, en ayant égard aux différens degrés de parenté, c'est-à-dire en augmentant les droits au fur et à mesure que les degrés sont plus reculés ;

Abaisser le droit du timbre et les tarifs de la poste aux lettres. Cette double modification aurait pour effet de répartir plus équitablement ces deux impôts et en même tems de les rendre plus productifs ;

Procéder successivement à la vente des forêts de l'état et convertir en rentes le produit de l'aliénation des biens des communes ;

Dans la législation des douanes : abaisser successivement les tarifs appelés protecteurs ; supprimer ou réduire immédiatement les tarifs qui grèvent les matières premières, afin de donner au travail un nouvel aliment ; appliquer immédiatement ces principes à une réduction du droit sur les sucres bruts et à l'annulation du droit sur les cotons en laines ;

Avoir en vue la suppression complète de l'impôt sur le sel, cette question devant se lier à celle de l'amortissement ;

Supprimer immédiatement l'impôt des boissons et le remplacer en partie : 1° par un droit fixe sur les débitans, marchands en gros, brasseurs et distillateurs ; 2° par quelques centimes additionnels spéciaux sur la contribution foncière des vignobles ;

Introduire des améliorations dans le monopole du tabac, mais ne songer à le supprimer entièrement que lorsqu'on aura pu pourvoir à des services plus urgens.

Enfin supprimer entièrement l'impôt de la loterie.

Au moyen de ce système plus *unitaire*, on arriverait à réduire considérablement les frais de perception.

Maintenant, et sans parler des réductions d'impôt qui seraient la conséquence d'une réduction de l'amortissement ou de quelqu'autre chapitre des dépenses, voici quels seraient les résultats des modifications que nous proposons d'introduire dans le budget des recettes :

D'une part l'accroissement du revenu porterait :

1° Sur les 30 cent. additionnels de la contribution foncière 46,438,808 fr.

2° Sur l'économie des frais de perception de l'impôt des boissons... 17,800,000

3° Sur l'économie des frais de perception de la loterie..... 1,874,700

4° Sur l'économie sur les frais de l'administration centrale des finances, pour ce qui se rapporte à la suppression des deux impôts ci-dessus (1)................................... 1,000,000

Accroissement total............... 67,113,508 fr.

(1) Pour dédommager les fonctionnaires sans emploi, on pourrait accorder une retraite aux plus âgés, et donner aux autres une gratification égale à une année ou à dix-huit mois de leur traitement ; cette *dépense extraordinaire* s'élèverait de 20 à 30 millions et pourrait être couverte par l'émission d'environ un million de rente 3 p. °/₀. Lorsqu'il s'agit du plus chétif armement militaire, le grand livre s'ouvre avec empressement, devrait-il rester fermé lorsqu'il s'agit d'encourager le travail et d'accroître la richesse publique? On ne corrige jamais les abus sans s'imposer des sacrifices, l'important est de savoir le faire à propos.

D'autre part il y aurait réduction :

1° Sur l'impôt des boissons qui, dans sa forme actuelle,
produit 69,800,000 fr., et qui n'en produirait plus que
27,500,000, donc.. 42,300,000 fr.

  2° Sur l'impôt de la loterie supprimé...................... 8,000,000

  3° Sur le produit de la taxe sur les cotons supprimée...... 6,000,000

————————————

56,300,000 fr.

Il y aurait donc en résultat un *excédant* de 10,813,508 fr.

Nous n'avons point apprécié l'augmentation de revenu qui s'effectuerait, 1° sur les produits de l'enregistrement, soit par suite de l'accroissement progressif des droits, soit par suite des transactions sur les terres cultivées en vignes ; 2° sur les produits du timbre et de la poste, en raison d'une plus grande extension des relations industrielles ; 3° par la perception des centimes additionnels spéciaux sur les vignobles.

Nous avons compensé les réductions possibles dans le produit des sucres, par le boni qui résulterait de l'abaissement de la prime d'exportation.

Quant aux modifications introduites dans les contributions personnelles, mobilières, des patentes et des portes et fenêtres, nous avons simplement maintenu le chiffre porté au budget actuel ; si l'on veut bien examiner en quoi elles consistent, on se convaincra qu'on pourrait même en obtenir un produit plus considérable.

Toutefois si l'on se bornait à n'envisager la question de l'impôt que sous ce simple aspect, on n'aurait qu'imparfaitement jugé la portée des réformes que nous avons indiquées ; obtenir un excédant de vingt ou trente millions sur la masse du budget n'est point le but que nous nous soyons proposé ; ce qu'il importe avant tout, c'est d'encourager le travail, d'accroître la production ; là seulement sont les sources de la prospérité publique.

Ceux qui reculent devant les améliorations que l'industrie réclame, dans la crainte de compromettre, comme ils disent, les *services publics,* commettent une erreur grave ; ils considèrent l'État comme un être de raison, ayant ses besoins, ses intérêts distincts et séparés ; la nation et l'État ne sont cependant qu'une seule et même chose ; lorsque l'ensemble de la nation prospère, il ne saurait y avoir détresse pour les finances de l'État.

Nos réformes, indépendamment de l'économie de 20 ou 30 millions par an qui en résulteraient (1), auraient pour effet de provoquer un grand développement de travail, partant un accroissement dans la richesse sociale et une hausse dans le prix des salaires.

Or la hausse du prix des salaires n'est point seulement un

____

(1) Nous pensons qu'on pourrait appliquer cette économie à de grandes entreprises de travaux publics ; M. d'Argout, en réclamant, il y a six mois, un crédit supplémentaire de 18 millions pour les mêmes travaux, avait émis la pensée d'accorder des primes aux entrepreneurs particuliers qui se chargeraient du confectionnement des ponts, des canaux, des routes en fer, etc. Comme moyen transitoire la pensée est utile ; si l'on veut bien y réfléchir cependant, on se convaincra que l'État ferait ainsi une mauvaise opération ; car il garantirait un intérêt aux capitalistes, et ne participerait en rien aux bénéfices de l'entreprise : il serait plus rationnel et plus profitable, pour les contribuables, que l'État fît lui même un emprunt, et qu'il fît ensuite effectuer les travaux par des compagnies particulières, mais pour son propre compte, afin d'en recueillir les fruits.

Un emprunt de 20 millions en rente trois pour cent produirait un capital de 460 millions, et permettrait de réaliser immédiatement des entreprises pour une somme égale ; en supposant que ces entreprises soient bien conduites et bien conçues, leur revenu pourrait servir chaque année à assurer l'intérêt de nouveaux travaux. Un sacrifice de 20 millions par an peut donc suffire pour accomplir *chaque année* 460 millions de travaux publics, et pour accroître dans un tems très-court les revenus de l'état et des particuliers dans une énorme proportion.

Pour couvrir des dépenses extraordinaires, l'emprunt est infiniment préférable à l'impôt ; car au taux actuel du 3 p. % on obtient par l'emprunt des capitaux à environ 4 p. % d'intérêt ; tandis que les mêmes capitaux réclamés aux impôts indirects coûtent 25 à 30 p. % de frais de perception, et occupent improductivement un grand nombre de bras.

Lorsqu'une dépense est reconnue utile, on ne doit point s'effrayer de l'émission de nouveaux emprunts ; car, pour l'État comme pour les particuliers, il y a toujours bénéfice à emprunter à 4 p. % pour accomplir des travaux qui produiront un *revenu* de 6, 8 ou 10 p. %. — C'est ainsi que dans l'Amérique du nord le produit des canaux effectués pour compte des États de l'Union le suffit pour couvrir les intérêts des emprunts et pour en rembourser le capital dans quinze, et même souvent dans dix années ; le grand canal de New-York, par exemple, est dans ce dernier cas.

progrès dans la politique et dans la morale, c'est encore une immense amélioration financière ; pour s'en convaincre , il suffit de penser qu'un simple accroissement moyen de DEUX SOUS par *tête* et par *jour* dans la dépense de l'ensemble de la population suffit pour provoquer une augmentation dans la production annuelle de UN MILLIARD CENT SOIXANTE-HUIT MILLIONS DE FRANCS (1)!

Ainsi, dans une société bien ordonnée, tout concourt au même but, tout se combine et se lie ; la prospérité du peuple augmente le bien-être des classes supérieures, et lorsqu'une nation est prospère, les divisions s'éteignent, les passions se calment.

Que les amis de l'ordre, de la paix, de la liberté, y réfléchissent donc : les longues guerres de la révolution française ont abouti au 30 mars 1814, à Waterloo, à l'épuisement des peuples et des finances de tous les états européens....... Les conquêtes pacifiques du travail ont produit 1830 en France, et réaliseront bientôt la réforme en Angleterre !.... Et, quoi qu'on fasse, ces deux événemens doivent finir par porter leurs fruits.

Du 8 avril 1832.

---

(1) Nous disions (page 59) qu'on se préoccupait beaucoup des questions relatives au commerce extérieur, tandis qu'on ne songeait point assez à celles qui ont trait au commerce intérrieur ; dans l'état actuel de la civilisation, ces deux questions sont étroitement liées ; cependant, puisque nous venons d'indiquer quel ponrrait être le résultat d'un léger accroissement dans l'aisance générale, nous allons faire connaître quelle est l'importance totale du *commerce de la France avec ses colonies et l'étranger* :

(Extrait des états officiels, année 1830.)	Exportations.	Importations.
Valeur des produits français exportés......	452,901,341 fr.	
Vateur des produits exotiques qui ont été mis en consommation..		489,242,685 f.
Commerce d'entrepôts, entrées et sorties...	119,762,723	149,095,748
	572,664,064	638,338,433

ÉMILE PEREIRE.

Imprimerie d'Everat, rue du Cadran, n° 16.